Feldornithologisches Notizbuch

Herausgegeben von der FALKE-Redaktion

Mit Beiträgen von

Peter H. Barthel, Einhard Bezzel, Deutsche Seltenheitenkommission, Thomas Griesohn-Pflieger, Till Meinrenken, Friedhelm Weick

Zeichnungen: Friedhelm Weick

AULA-Verlag Wiesbaden

Die Deutsche Bibliothek – CIP-Einheitsaufnahme

Feldornithologisches Notizbuch / hrsg. von der Falke-Red. Mit
Beitr. von Peter H. Barthel ... Zeichn.: Friedhelm Weick. - Wiesbaden:
Aula-Verl., 1998
   ISBN 3-89104-625-1

Zeichnungen: Friedhelm Weick
Umschlagentwurf: Klaus Neumann
DTP: Susanne Blomenkamp
Druck und Verarbeitung: Druckerei Laub, Elztal-Dallau

ISBN 3-89104-625-1

Feldornithologisches Notizbuch

Inhaltsverzeichnis

Liebe Leserin, lieber Leser

Vögel beobachten macht Spaß – zu dieser Erkenntnis kommt man häufig durch Anregung aus Familien-, Freundes- oder Bekanntenkreis. Oft wird die Freude an der Farben- und Formenpracht der Vögel aber auch durch Beobachtungen im eigenen Garten geweckt, am Futterhäuschen im Winter oder bei Spaziergängen in der Natur. Zunächst möchte man vielleicht nur einfach wissen, was für ein Vogel da durch seinen Gesang, seine Farben oder das Verhalten auffällt. So manchen Vogel kennt man ja auch schon von Kindesbeinen an: Amsel, Drossel, Fink und Star .... Moment einmal, sind Sie sich ganz sicher? Amsel und Star – natürlich, die kennen Sie. Aber wie ist das mit der Drossel? Ein Blick in ein Bestimmungsbuch zeigt, daß es **die** Drossel dort gar nicht gibt. Dort tummeln sich Bechsteindrossel, Erddrossel, Misteldrossel, Ringdrossel, Rotdrossel, Singdrossel, Wacholderdrossel und noch einige mehr, darunter auch seltene Ausnahmegäste aus dem Osten. Da lernt man schnell: Man muß schon sehr genau hinschauen und sich bestimmte Kennzeichen merken, um herauszufinden, welche Art man nun tatsächlich vor Augen hat. Mit einiger Übung und der Hilfe erfahrener Freunde lernt man dann nach und nach, die gesichteten Vögel richtig zu benennen und auch, daß es nicht nur auf Form und Farbe, sondern auch auf Verhalten, Bewegung und Lautäußerung ankommt. Eine gute Hilfe bieten auch Vogelstimmen auf Tonträgern. Wenn man sich bestimmte Elemente des Gesangs merkt, eine Überprüfung der Stimmen auf dem Band- oder CD-Player gibt schnell Sicherheit, ob man am Morgen eine Singdrossel oder die - auf größere Entfernung hin ähnliche - Misteldrossel gesehen und gehört hat!

Bald ist man alleine mit der Bestimmung eines Vogels nicht mehr zufrieden – man fängt an, sich intensiver mit den Arten zu beschäftigen. Auch die „Sammelleidenschaft" wird geweckt und man möchte möglichst viele verschiedene Vogelarten entdecken und kennenlernen. Auch möchte man mehr wissen über Verhalten, Vorkommen, Lebensweise und vor allem die Zusammensetzung der Vogelwelt in einem bestimmten Gebiet. Um zu all dem Daten zu erfassen, die man dann auch mit anderen Vogelfreunden „austauschen" kann, ist es wichtig, sich einige Grundkenntnisse anzueignen und bestimmte Regeln einzuhalten. Dazu gehören:

- verantwortungsbewußtes Verhalten im Gelände
- aufmerksames Beobachten
- genaues Protokollieren der Beobachtung
- detailliertes Festhalten von Daten
- sorgfältige Auswertung der Protokolle

Dieses Notizbuch will Ihnen Anregung und Hilfe dabei geben, was Sie beachten müssen, wenn Sie Ihr Hobby ernsthaft betreiben wollen und wenn Ihre Beobachtungen den kritischen Fragen von Fachleuten standhalten sollen. Der Anfänger erhält erste Tips für eine korrekte Protokollierung und wie er seine Kenntnisse über die Vogelwelt vertiefen kann. Der Fortgeschrittenen bekommt Anregungen, wie er durch unterschiedliche Formen des Protokolls verschiedene Fragestellungen „angehen" kann. Erstellen Sie sich z. B. einen eigenen „Zugvogelkalender" oder führen Sie eine genaue Brutvogelkartierung eines Gebietes in Ihrer Nähe durch. Machen Sie mit bei einer vogelkundlichen Gemeinschaft in Ihrer Region, einem Beobachtungs- oder Monitorprogramm sowie beim German BirdNet. Und ganz ungewöhnliche Beobachtungen melden Sie der deutschen Seltenheitenkommission!

Ihr „FALKE-Redaktionsteam".

Zehn Grundregeln für den Vogelbeobachter

Einhard Bezzel

Nicht zuletzt durch besonders zudringliche Vogelbeobachter und Tierfotografen sind in vielen Teilen Europas seltene Vogelvorkommen bedroht worden. Daher haben schon vor geraumer Zeit führende Vogelschutzverbände Europas, wie die Royal Society for Protection of Birds in Großbritannien, Regeln aufgestellt, die nicht nur für ihre Mitglieder, sondern ganz allgemein für verantwortungsbewußte Naturfreunde Verpflichtung sein müssen. Außerdem sind wir gesetzlich verpflichtet, Arten zu schützen und sie nicht unnötig zu stören. Die wichtigsten Forderungen lassen sich in zehn Regeln zusammenfassen.

1. Naturschutz ist wichtiger als Naturerlebnis

Das Wohlergehen von Pflanze und Tier ist wichtiger als unser spezielles persönliches Interesse. Vieles läßt sich mit etwas Geduld sehen und erleben, ohne daß man Wege oder Aussichtspunkte verlassen muß. Besonders während der Brutzeit ist das Durchstreifen der Landschaft abseits von Wegen und anderen permanenten Störungsquellen möglichst zu unterlassen. Bei wissenschaftlichen Bestandsaufnahmen sind Störungen auf ein Minimum zu reduzieren. Das gilt nicht nur für Spaziergänger, sondern auch für das Befahren von gesperrten Wegen mit Motorfahrzeugen, Bootfahrten im Schilf oder gar Zelten oder Picknicken in ungestörten Landschaftsteilen.

2. Nicht zu nahe an Rast- und Brutstätten herantreten

Im Zweifel beobachtet man lieber aus größerer Entfernung oder verzichtet auf das bildfüllende Foto. Dies gilt nicht nur für die Nester seltener und bedrohter Vogelarten, sondern auch z. B. für Rastplätze von Zugvögeln. Tiere zu beunruhigen ist in Naturschutzgebieten ohnehin verboten, aber auch durch allgemeine Naturschutzbestimmungen verbindliche Verpflichtung.

3. Verbote und Schutzverordnungen gelten für alle

Auch Mitglieder von vogelkundlichen Vereinen und Arbeitsgruppen genießen keine Sonderrechte in Schutzgebieten und Reservaten. Durch die Mitgliedschaft in einem Naturschutzverband erwirbt man sich keineswegs Vorrechte. Dies gilt auch für gesetzlich anerkannte Naturschutzverbände.

4. Naturfreunde und Naturschützer müssen stets Vorbild sein

Vorbildfunktion bedeutet nicht nur die strikte Einhaltung von gesetzlichen Bestimmungen, sondern auch Selbstbeschränkung. Nur dann können andere Naturbeobachter und Naturnutzer ermahnt werden, sich ebenfalls den Gesetzen entsprechend zu verhalten oder auch einmal freiwillig auf einen besonders gefährdeten Brutplatz Rücksicht zu nehmen.

5. Die Rechte der Grundstückseigentümer oder -nutzer sind zu achten

Flächen, die nicht öffentlich zugänglich sind, dürfen ohne Erlaubnis des Berechtigten nicht betreten werden. In jedem Fall sollte man sich vor dem Betreten fremder Grundstücke die Erlaubnis des Besitzers oder einer zuständigen Behörde einholen.

6. Besuche von Schutzgebieten müssen rechtzeitig vorbereitet sein

Auch in Schutzgebieten aller Art sollte die Natur nicht gänzlich vor den Menschen, insbesondere den lernwilligen Naturfreunden ausgeschlossen bleiben. Besuche in Schutzgebieten, besonders als Gruppe, oder längerfristige Beobachtung, Filmen und Fotografieren sollten aber vorher mit den zuständigen Stellen abgesprochen werden. Insbesondere soll man sich erkundigen, ob ein Besuch überhaupt möglich ist, zu welcher Jahreszeit Besuche sinnvoll sind, an welchen Stellen ohne Störung beobachtet werden kann, welche besonderen Bestimmungen zu beachten sind und ob evtl. eine Führung durch einen lokalen Beauftragten vereinbart werden kann.

7. Nicht jeder sollte vom Brutplatz einer seltenen oder gefährdeten Vogelart erfahren

Geheimniskrämerei ist sicher nicht im Sinne einer verantwortungsbewußten Naturbeobachtung. Doch nicht immer sind Weitergaben seltener Beobachtungen, insbesondere von Brutplätzen gefährdeter Arten, empfehlenswert, vor allem dann nicht, wenn Gefährdung durch Massenbeobachtung oder aufdringliches Filmen und Fotografieren zu befürchten ist. Selbstverständlich sollen seltene Beobachtungen und Nachweise zuständigen Stellen bekannt gemacht werden, denn Betreuung und Schutz sind nur dann möglich, wenn die Verantwortlichen informiert sind. Allzuviel Geheimniskrämerei kann auch schaden, zumal bei den heutigen Kommunikationsmitteln vieles nicht geheim bleiben kann.

8. Beobachtungen aufzeichnen und weiterleiten

Dokumentation und Fortschreibung von Beobachtungen aller Art sind unverzichtbare Grundlage für viele Fragen der Naturschutzpolitik ebenso wie spezielle Schutzmaßnahmen. Bestände von Tierarten ändern sich oft so schnell, daß auch die Bestätigung scheinbar bekannter Daten nicht überflüssig geworden ist. Arbeitsgemeinschaften oder Institutionen sammeln solche Beobachtungen. Die kleine Mühe des Festhaltens von Beobachtungen kann einen kleinen Beitrag zum Artenschutz bedeuten.

9. Im Ausland müssen sich Vogelbeobachter besonders rücksichtsvoll verhalten

In fremden Ländern stehen Vogelbeobachter oft stärker im Mittelpunkt des Interesses als zu Hause. Auswärtige Vogelbeobachter können daher durch ihr Verhalten für die Idee des Vogelschutzes werben. Auch wenn die Schutzgesetze in den besuchten Ländern weniger streng sind, müssen sich Vogelbeobachter den eigenen heimischen Schutzgesetzen immer verpflichtet fühlen. Selbstverständlich sind abweichende Bestimmungen in fremden Ländern besonders sorgfältig zu beachten. Dies gilt vor allem für das Verhalten in Schutzgebieten und Nationalparks. Unverantwortlicher Naturtourismus hat schon viel Schaden angerichtet. Verantwortungsbewußtes Verhalten im Ausland kann dagegen viel für die gute Sache tun.

10. Der gute Fotograf nimmt Rücksicht auf die Natur

Die moderne Fototechnik hat es möglich gemacht, auch rücksichtsvoll Tier- und Naturfotografie zu betreiben. Wer mit seinen Fotos mehr als nur eine flüchtige persönliche Erinnerung festhalten will, kommt ohnehin nicht darum herum, in eine gute Fotoausrüstung zu investieren. Die Ansprüche an publikationsreife Fotos sind heute sehr hoch geworden. Mit etwas Geduld und ausgefeilter Technik läßt sich die Natur vielfach überlisten, ohne daß sie Schaden erleidet. Gleiches gilt für den Einsatz von Tonträgern: Rücksichtslose Tonbandprovokation, um schwer zu sehende Vögel aus dem Versteck zu locken, beeinträchtigt das Verhalten und möglicherweise auch den Fortpflanzungserfolg.

Protokollieren – aber richtig

Um eine Beobachtung zweifelsfrei auch an andere weiter geben zu können (sei es zum Austausch von Ergebnissen mit anderen Vogelbeobachtern, sei es zur Mitarbeit an einem größeren Monitorprogramm oder um die Beobachtung bei einer Zeitschrift als Beitrag einzureichen, oder auch nur, um eigene Fragen zu beantworten), ist eine genaue Protokollierung unbedingt erforderlich. Sie kann auf verschieden Arten erfolgen.

Zunächst die Frage nach dem „wie" des Protokolls. Die „klassische" Weise ist das **Führen eines Notizbuches**, in dem die Daten und Beobachtungen eingetragen werden. Diese Daten sollten, wenn irgend möglich, **durch Skizzen** ergänzt werden – als Hilfe dazu der kleine Zeichenkurs von dem bekannten Vogelillustrator Friedhelm Weick auf S. 15. Wie Sie ein Notizbuch führen, richtet sich meist nach den persönlichen „Vorlieben". Der eine Vogelbeobachter arbeitet vorwiegend mit Kürzeln, die er sich selbst mit der Zeit erarbeitet hat, der andere arbeitet so viel wie möglich mit Skizzen, der Dritte bevorzugt eine ausführlichere textliche Protokollierung, die sofort nach Ende der Beobachtung in das Notizbuch eingetragen wird. Bei manchen Aktionen (z. B. überregionalen Monitorprogrammen) werden auch genaue Formulare vorgegeben, in die bestimmte Daten eingetragen werden müssen.

Mancher Vogelbeobachter bastelt sich auch eigene Formblätter und Listen, die er dann schematisiert auswerten kann. Da solche Formblätter bei bestimmten Fragestellungen sehr hilfreich sind, haben wir in diesem Notizbuch einige verschiedene Formblätter entworfen, die Sie direkt benutzen, nach Bedarf abwandeln oder in die Datenverwaltung Ihres Personal Computers eingeben können.

Für manche Aktionen kann eine **Zähluhr** von Hilfe sein. Die Zähluhr, bei der mit jedem Knopfdruck ein gezählter Vogel registriert wird, ist besonders wichtig beim Zählen von größeren Schwärmen oder durchziehenden Vögeln, vor allem auch bei Wasservogelzählungen. Die Zähluhr kann auch bei anderen Beobachtungen eingesetzt werden – z.B. bei der Registrierung von Fütterungsfrequenzen oder anderen Verhaltensweisen.

Von großer Hilfe kann auch ein **Diktiergerät** sein, da man bestimmte Beobachtungen direkt mit Worten protokollieren kann, ohne das Fernglas absetzen zu müssen. Ein Diktiergerät kann bei geschicktem Einsatz auch zur **Protokollierung von Vogelstimmen** dienen. Besser geht das natürlich mit einem guten **Recorder**.

Neuerdings ersetzt in manchen Fällen auch bereits ein **Laptop** das Notizbuch. Manch ein Computerfreak hat sich schon ein ausgefeiltes Programm gebastelt, in das direkt die Daten zu Beobachtungen vor Ort per Tastatur eingegeben werden. Gängige Software wie Excel, Access oder dBase können bei der genauen Protokollierung von Daten hilfreich sein. Sie werden in der Regel aber erst zu Hause, zur Auswertung der in das Notizbuch eingetragenen Informationen, zum Einsatz kommen. Auch wenn die Übertragung der Daten von dem Notizbuch in den Computer doppelte Arbeit bedeutet – es lohnt sich meist, da es ohnehin nötig ist, die Beobachtungen des Tages zu Hause zu „bearbeiten" und sie mit der Fachliteratur oder früheren Ergebnissen zu vergleichen. Dabei kann der Computer sehr hilfreich sein.

Noch etwas ist wichtig und wird in der Anleitung zur Vogelbeobachtung oft vergessen: Auch negative Befunde sind es wert, notiert zu werden. Zu einem späteren Zeitpunkt kann man z. B. nicht mehr nachvollziehen: Wurde eine nicht notierte Vogelart bei einem Kontrollgang in einem bestimmten Gebiet nicht vermerkt weil nicht genug auf diese Art geachtet wurde – oder ist sie trotz gezielter Suche nicht (mehr) entdeckt worden?

Neben dem Skizzierblock ist natürlich der **Fotoapparat** ein Mittel zum Festhalten von Beobachtungen. Daß es jedoch nicht so einfach ist, gute Bilder von Vögeln zu machen, wird jeder merken, der es einmal probiert hat. Eine gute Spiegelreflex-Kamera, mit auswechselbaren Objektiven und einem leistungsstarken Teleobjektiv sind wichtigste Grundbedingung. Wer sich aber zu dieser Ausgabe durchgerungen hat und sich auch von zahlreichen anfänglichen Mißerfolgen nicht schrecken läßt, wird an der Vogelfotografie viel Freude haben.

Wem selbst das Foto oder Dia noch nicht genügt, der kann sich auch an das Filmen mit der **Videokamera** wagen. In den Heften **5-6/97** und **7/97** von DER FALKE finden Sie in zwei Artikeln Anleitungen zu einer erfolgreichen Aufnahme von Vögeln mit der Videokamera.

Und für den passionierten Seltenheitenjäger ist heute schon das **Handy** ein wichtiges Mittel, um anderen Vogelbeobachtern die außergewöhnliche Entdeckung gleich mitzuteilen, damit sie daran teilhaben können und sie gegebenenfalls auch bestätigen können (Seltenheiten!).

Die zweite Frage ist: **Was** müssen wir an Daten protokollieren? Soll eine Beobachtung vor fachlichen Kollegen, z. B. den Organisatoren eines bestimmten Monitorprogrammes, der Seltenheitenkommission oder einer Zeitschriftenredaktion „Bestand" haben, müssen schon einige Grundregeln beachtet werden. Insgesamt können für das Protokoll unterschiedliche Prioritäten gesetzt werden:

Der Anfänger wird zunächst noch in besonderem Maße auf die Feldkennzeichen achten und diese auch protokollieren müssen, da für ihn selbst zunächst das Kennenlernen der Vögel im Vordergrund steht. Meist wird er sich nicht alle für die Bestimmung wichtigen Merkmale so schnell merken können, um den Vogel später im Bestimmungsbuch sicher auffinden zu können. Für den **erfahrenen Vogelbeobachter** ist das Protokollieren von Artmerkmalen in der Regel nur noch in wenigen Fällen nötig. Folgende Informationen sollten vom Anfänger und Fortgeschrittenen festgehalten werden:

A. Unbedingt wichtig sind für alle Beobachtungen:
1. Ort (geographisch)
2. Datum
3. Tageszeit und Dauer einer Exkursion oder eines Ansitzes
4. Hinweise auf besondere Landschaftsstrukturen
5. Allgemeine Beobachtungsumstände, z.B. Witterung, Störungen, usw., die das Tagesergebnis einer Exkursion erklären könnten
6. Zahl oder zumindest ungefähre quantitative Angaben der Individuen
7. Beobachtungsumstände im Einzelfall: gesehen (Entfernung, Dauer), nur gehört (Gesang, Ruf), singend gesehen, fütternd, hoch überfliegend, schwimmend

Am besten notiert man sich einen kurzen Exkursionsbericht mit Datum, Route, Beobachtungszeiten und andern Dingen (auch Störungen), dem man dann die Datei der einzelnen Beobachtungen nach Arten zusammengefaßt zuordnet.

B. Zusätzliche Informationen bei besonderen Beobachtungen

Bei außergewöhnlichen Beobachtungen wie Seltenheiten, bisher persönlich unbekannten oder wenig bekannten Vögeln oder für besondere Verhaltensbeobachtungen, aber auch bei systematischen Erhebungen (z. B. Monitorprogrammen) empfiehlt es sich dringend, weitere Einzelheiten festzuhalten:

1. Tageszeit
2. Wetter/Lichtverhältnisse
3. Woran habe ich den Vogel erkannt (Größe, Gestalt, Kleider, Lautäußerungen, Verhalten)? Angabe besonderer Vergleichsmöglichkeiten
4. Biotop
5. Umstände, die das beobachtete Verhalten evtl. erklären helfen
6. Zeugen, evtl. Fotografierversuch, Stimmenaufnahme usw.

C. Zwei wichtige Grundregeln für die weitere Beurteilung oder Auswertung einer Beobachtung:
1. Prüfung von möglichen **Verwechslungs**- und **Täuschungsmöglichkeiten**, bei schwierigen Fällen möglichst rasche Nachschau in Bestimmungsliteratur, Handbüchern oder Kontakt zu weiteren Vogelkennern.
2. Strikte **Trennung von Beobachtung und Deutung**. Im Protokoll steht also nicht einfach „Brutvogel", sondern „mit Futter fliegend gesehen" oder „eben flügge Junge werden noch gefüttert" oder „Bettelrufe von Jungen gehört", usw.. die Interpretation einer Beobachtung findet erst abends zu Hause oder vielleicht sogar viel später statt. Das schließt nicht aus, daß man auch subjektive Eindrücke notiert. Aber:

mit raschen Schlußfolgerungen oder Pauschalangaben, die nicht unmittelbar beobachtete Details betreffen, kann man später nichts mehr anfangen.

Auch bei **Fotos** von Vögeln sollte unbedingt notiert und später auch direkt auf dem Dia oder dem Bild vermerkt werden:
- Name des Vogels (richtige Bestimmung evtl. von Kollegen noch absichern lassen)
- Genauer Ort der Aufnahme
- Datum (und evtl. Uhrzeit) der Aufnahme

Das gleiche gilt auch für die **Protokollierung von Vogelstimmen**. Für jede Stimmenaufnahme müssen genaue Daten zu Ort, Zeit und „Begleitumständen" der Aufnahme aufgezeichnet werden. Eine genaue Zuordnung der protokollierten Daten mit der Aufnahme auf Band muß gewährleistet sein.

Wenn Sie all diese Regeln beherzigen, müssen Sie sich später nicht ärgern, weil Ihre Erinnerung nicht dazu ausreicht eine Beobachtung oder Aufnahme richtig einzuordnen, um sie als Beitrag zu einem Bericht oder einem Erhebungsprogramm verwerten zu können.

Praktische Erfahrungen: Was man Schwarz auf Weiß besitzt ...

Thomas Griesohn-Pflieger

Trotz aller technischen Hilfsmittel wie Laptop, Handy, Diktiergerät - um ein Notizbuch kommen Vogelbeobachter, die ernst genommen werden wollen auch heute noch nicht herum. Wie hilfreich ein solches Memoheft ist, merkt man erst, wenn man es nicht dabei hat und die Sonntagsvormittagsbeobachtungen anhand von 20 Arten mit unterschiedlichen Anzahlen und Geschlechterverhältnissen im Kopf behalten will. So mancher Kassenbon, der sich zufällig in der Jackentasche fand, mußte schon (bekritzelt mit Hieroglyphen mittels eines fast leeren Kugelschreibers aus dem Handschuhfach) als Notizbuchersatz dienen. Da finden sich Einträge wie: „Hautau 12; Gäsä 8,5; Beste 1 P oder Mäbu 1 P, 3," - was übersetzt heißt: zwölf Haubentaucher, acht männliche und fünf weibliche Gänsesäger, ein Paar Bergstelzen und ein Paar Mäusebussarde plus drei weiteren (zumindest nicht offensichtlich verpaarten). **Kürzel** können (aber nur wenn sie eindeutig sind!) die Arbeit des Notierens erheblich erleichtern. Ich ziehe die Kürzel festen Artenlisten, deren Spalten und Reihen mir nie so recht passen, vor. Das Notizbuch als solches sollte im Idealfall einen festen Einband haben, der flexibel genug ist, um sich notfalls zum Beispiel bei Regen halb zusammengedreht in Hemden- oder Jackeninnentasche stekken zu lassen. Eine Möglichkeit Bleistift oder Kugelschreiber an dem Heft befestigen zu können, erhöht die Brauchbarkeit ungemein. Apropos: Bleistifte sind Kugelschreibern bei Hitze (da laufen die Kulis aus) oder Kälte (da schreiben sie nicht) himmelhoch überlegen – zumindest in der Theorie, denn was nützt ein Bleistift, wenn er stumpf oder abgebrochen ist und sich das Taschenmesser im Rucksack zu Hause befindet?

Ich habe deshalb immer zwei Bleistifte dabei, in der Hoffnung, daß wenigstens einer schreibbereit ist und denke über den Einsatz von Druckbleistiften nach...

In meinem abgewetzten Notizheft – z.Zt. ein in Helgoland gekauftes Vokabelheft, weil das Original verloren ging - stehen auch einige Telefonnummern von mir bekannten Vogelbeobachtern aus der Nachbarschaft, die ich nur zu gerne viel öfter zu von mir entdeckten Seltenheiten rufen würde.

Was soll man nun notieren? Neben den **Arten**, den Objekten der Begierde eines passionierten Vogelbeobachters, natürlich (merkwürdig daher, daß es nicht jeder macht) die **Anzahl**. Wenn es geht, erfassen wir **Geschlechter** und andere **unterscheidbare Gefieder** (Jugendkleider, Altersklassen) mit. **Angaben zum Verhalten** können für spätere Auswertungen wichtig sein. So ist es ja ein Riesenunterschied, ob die beiden Seeadler miteinander kreisten, einen Horst bauten oder im Abstand von drei Stunden hoch über uns durchzogen. Auch **Angaben zum Wetter** können hilfreich sein. Dabei sollte man sich aber über die Wichtigkeit keine Illusionen machen. Für viele Beobachtungen – gerade der seltenen Arten – ist weniger „unser aktuelles Wetter" sondern eher das von gestern und vorgestern im Durchzugsgebiet der Art wichtig. Weil's aber keine Mühe macht, sollte man Windrichtung, -stärke und vor allem -richtung notieren. Es gibt Gelegenheiten, wo dies für die spätere Auswertung wichtig sein kann. Auch die Angabe der Temperatur und eventueller Niederschläge (die meisten Vögel werden bezeichnenderweise bei Schönwetter gesehen) ist sinnvoll.

Was ich am meisten vermisse: Einen diskreten, kräftigen Träger für Kamera, Stativ, Spektiv, Handy, Bleistiftspitzer und Modemlaptop...

Eine sichere Bestimmung erfordert gute Grundkenntnisse der Topographie und Terminologie des Vogelkörpers. Nur wer bei der Protokollierung einer Beobachtung gleich die richtigen Körper- und Gefiederpartien mit dem richtigen Begriff verbindet, kann eine genaue Beschreibung für eine korrekte Meldung abliefern oder überhaupt anhand seiner Aufzeichnungen den „richtigen" Vogel im Bestimmungsbuch auffinden. Die Abbildungen auf den folgenden Seiten zeigen Ihnen den genauen Bau des Vogelkörpers und der verschiedenen Federpartien und liefern Ihnen die dazugehörigen Begriffe, die für die Bestimmung eines Vogels wichtig sind. Im nachfolgenden Beitrag weist Peter Barthel, der der deutschen Seltenheitenkommission vorsteht, auf die Fußangeln hin, die im Gestrüpp des „Bestimmungsdschungels" lauern.

Topographie: Wie beschreibt man einen Vogel?

Peter H. Barthel

„Er war groß, gefleckt, hatte einen dicken Schnabel und rief immer so komisch" ist eine klassische Beschreibung, wie man sie als Vogelbeobachter regelmäßig von Bekannten mit der Bitte um Bestimmung telefonisch durchgegeben bekommt. Doch sind wir selbst wirklich besser? Wenn wir Kollegen fragen, warum sie sicher sind, daß der gemeldete nicht rufende Laubsänger ein Fitis und kein Zilpzalp war, woran sie den Großen Gelbschenkel bestimmt haben oder wie der Berglaubsänger rief, wird die Antwort oft sehr unbestimmt ausfallen. Versuchen Sie es selbst einmal mit einem einfachen Test. Zeichnen Sie in die nebenstehende Silhouette eines Rotkehlchens ein, wo der Vogel rostrot gefärbt ist. Wenn Sie nun beim Vergleich (s. Seite 14 – nicht mogeln!) feststellen, daß Sie es richtig getroffen haben: Herzlichen Glückwunsch! Sie gehören zu einer Minderheit. Um einen Vogel, sei er häufig oder selten, richtig beschreiben zu können, müssen wir die Bezeichnungen der Körperregionen, Gefiederpartien, einzelner Federn und Strukturen und besonderer Zeichnungsmuster kennen. Um die Verständigung zu erleichtern, wurden diese klar definiert und sind aus den hier beigefügten Zeichnungen ersichtlich.

So wird die „Oberseite" eines Vogels keineswegs von einem einheitlichen Federtyp gebildet, sondern läßt bei genauerem Hinsehen eine Unterscheidung in **Handschwingen, Armschwingen, Schirm-, Schulter-, Mantel-** und **Steuerfedern** sowie die dazugehörigen **Deckfedern** zu. Sie können alle verschieden strukturiert oder gefärbt sein. Oft ist es wichtig, ob sich ein Muster nur auf den Schulter- oder auch auf den Mantelfedern zeigt, ob die **Flügelbinde** von den Großen oder Mittleren Armdecken gebildet wird, ob sich die weiße Färbung nur auf den **Oberschwanzdecken** oder auch auf dem **Bürzel** findet. Auch eine genaue Bezeichnung der **Streifen am Kopf** ist für eine exakte Beschreibung unerläßlich. Nicht alle Gefiederpartien sind bei sämtlichen Vogelordnungen gleichermaßen sichtbar. Bei stehenden Limikolen sind die Flügeldecken oft durch die

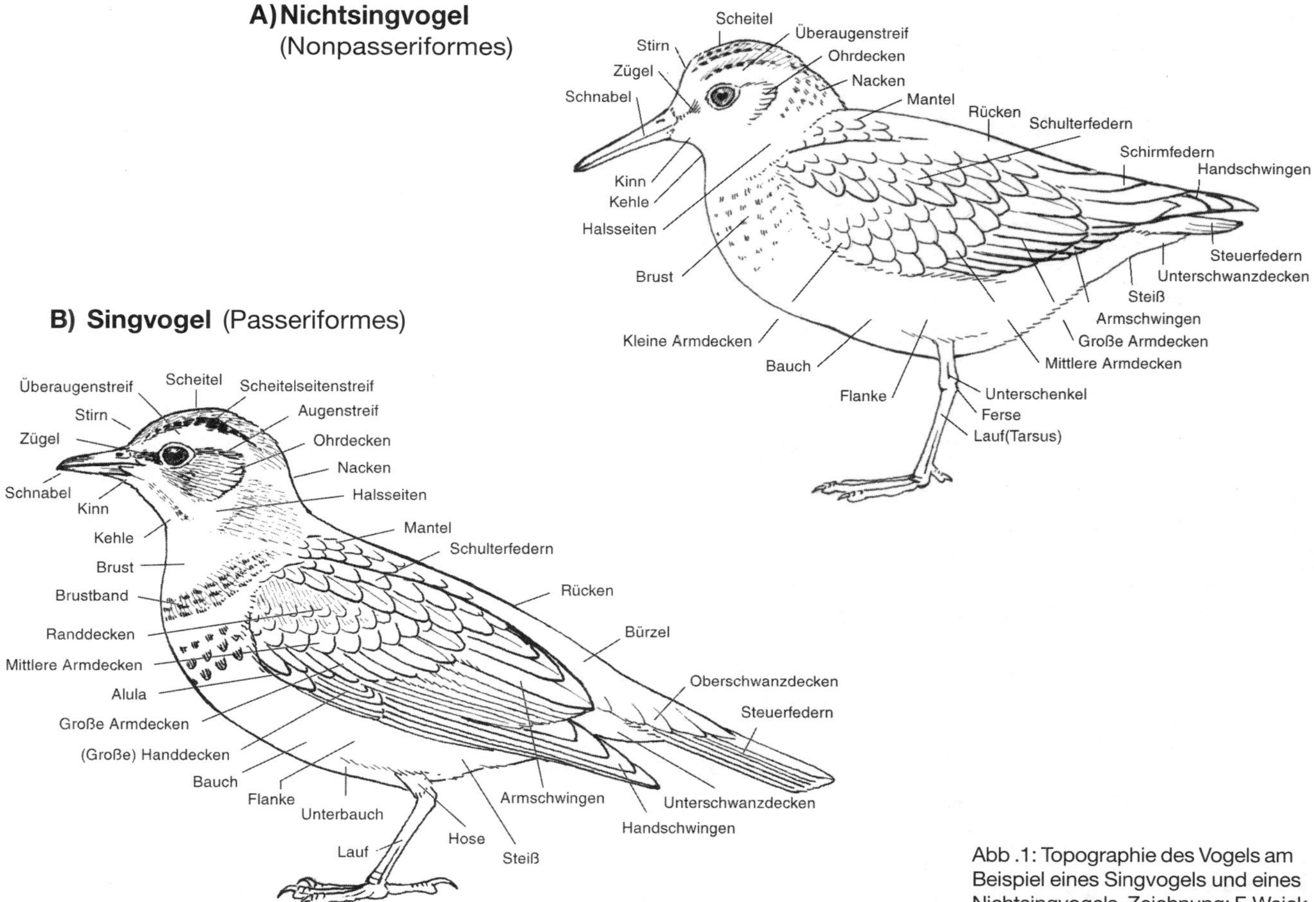

Abb .1: Topographie des Vogels am Beispiel eines Singvogels und eines Nichtsingvogels. Zeichnung: F. Weick.

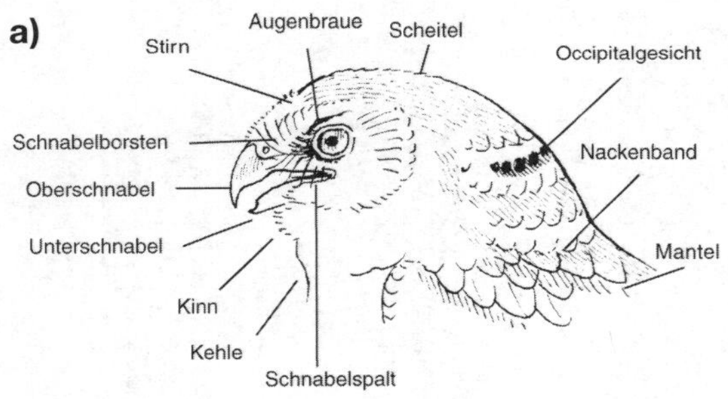

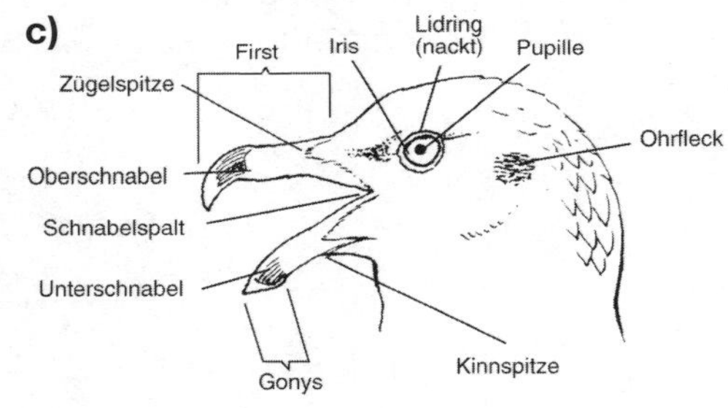

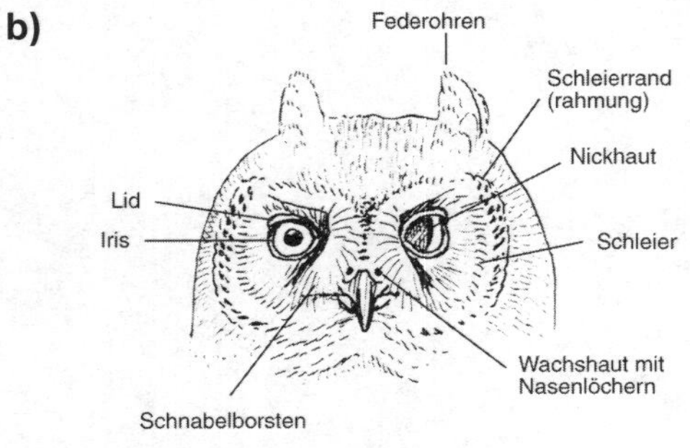

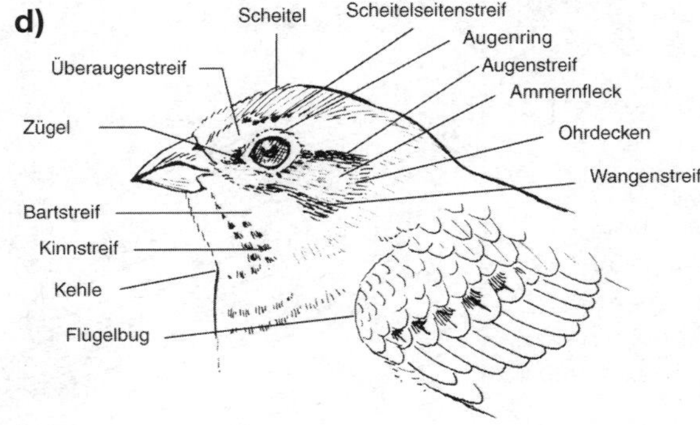

Abb. 2**a-e**: Topographie des Kopfes: a) und b): Greifvögel und Eulen, c) Limikolen, d) Singvögel, e) Entenvögel. **f:** Topographie des Vogelbeines, **g:** Verhältnis zwischen Flügel- und Schwanzspitzen (Flügel- und Schwanzprojektion). Zeichnung: F. Weick.

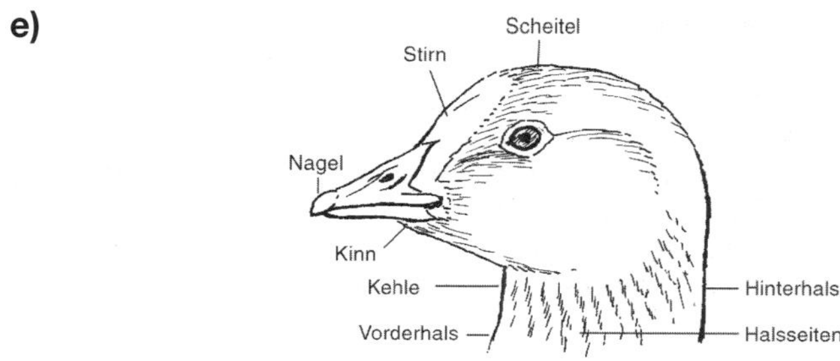

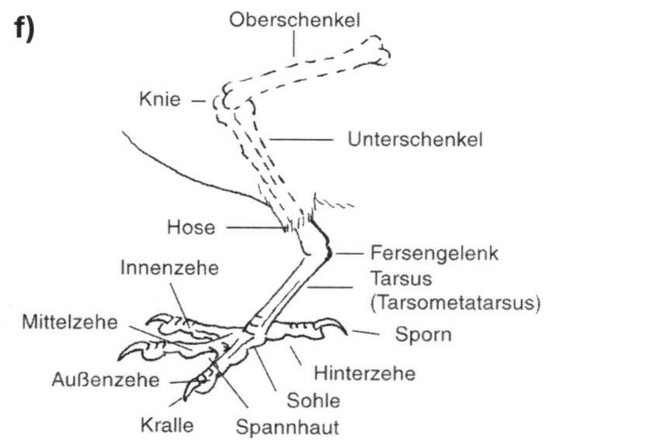

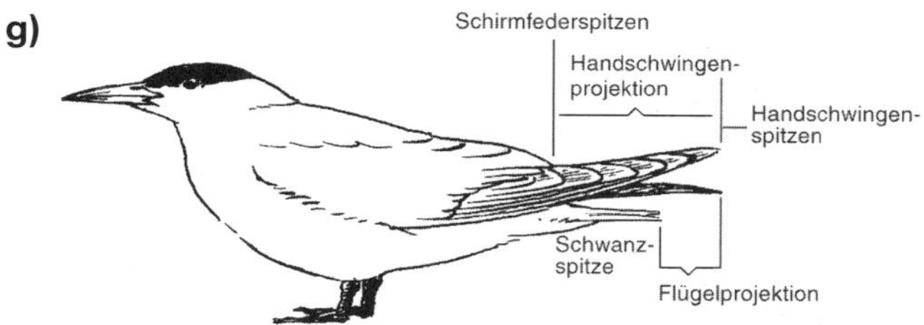

Schirm- und Schulterfedern verdeckt, schwimmende Enten verbergen oft den gesamten Flügel bis auf die Handschwingenspitzen unter Brust-, Flanken- und Schulterfedern. Es empfiehlt sich, mit diesen Zeichnungen in der Hand einmal gute Fotos oder noch besser freilebende Vögel zu studieren und zu versuchen, die beschriebenen Federpartien wiederzufinden. Hier hilft wirklich nur Übung! Daneben sind für eine genaue Beschreibung sehr oft auch noch strukturelle Merkmale wichtig. **Schnabelform** und **–länge** sind so selbstverständliche Kennzeichen wie die **Beinlänge**. Gerade bei schwer zu unterscheidenden Arten sind oft noch weitere Feinheiten ausschlaggebend. Unter der **Flügelprojektion** versteht man den Überstand der Handschwingen über die Schwanzspitze, unter **Schwanzprojektion** den umgekehrten Fall. Bei der Eismöwe ist die Flügelprojektion z.B. kürzer als die Schnabellänge, bei der Polarmöwe dagegen meist länger. Die **Handschwingenprojektion** dagegen sagt etwas darüber aus, wie weit diese die Schirmfedern, also die verlängerten inneren Armschwingen, überragen (z.B. kaum bei Rotkehlpieper und Wiesenstrandläufer, aber deutlich bei Petschorapieper und Zwergstrandläufer). Ist der sichtbare Teil der Handschwingen etwa genauso lang wie der sichtbare Teil der Schirmfedern (wie beim Gelbspötter) oder nur halb so lang (wie beim Orpheusspötter)? Die **Flügellänge** kann auch z.B. im Verhältnis zur Spitze der Oberschwanzdecken gemessen werden: Enden die Handschwingen davor oder dahinter? Wie viele Handschwingenspitzen sind am zusammengelegten Flügel überhaupt sichtbar (z.B. sieben bei der Nachtigall, aber acht beim Sprosser)? Ist der **Schwanz** gerade abgeschnitten und hat kurze **Unterschwanzdecken** (Laubsänger), eher gerundet mit langen Unterschwanzdecken (Rohrsänger) oder deutlich rund mit fast bis zur Spitze reichenden Unterschwanzdecken (Schwirl)? Um wieviel Prozent ist der Schnabel länger als der Lauf? Viele dieser Größen lassen sich in Relation zu anderen Körpermaßen angeben, z.B. Schnabellänge im Verhältnis zur Kopf- oder Beinlänge, Schnabelhöhe im Verhältnis zum Augendurchmesser.

Auch das **Verhalten** ist Bestandteil einer Beschreibung. Hüpft (z.B. Drossel) oder trippelt der Vogel (z.B. Star), pickt er nur an der Oberfläche (z.B. Grasläufer) oder stochert er tief nach Nahrung (z.B. Kampfläufer), schlägt er mit dem Schwanz nur nach unten oder auch aufwärts oder zur Seite? Wie ruft er? **Stimmen** sollten sofort niedergeschrieben werden, da man sie leicht vergißt. Gerade dabei sind Vergleiche zu bekannten Stimmen oder sonstigen Geräuschen besonders nützlich. Auch **Farben** lassen sich genau angeben. Von Grau und Braun gibt es viele verschiedene Abstufungen, und die Beschreibung „Oberseite dunkel mit hellen Flecken" ist etwas mager. Dabei ist zu beachten, daß bei zusammengesetzten Bezeichnungen immer die letztgenannte Farbe die dominierende ist. Graubraun

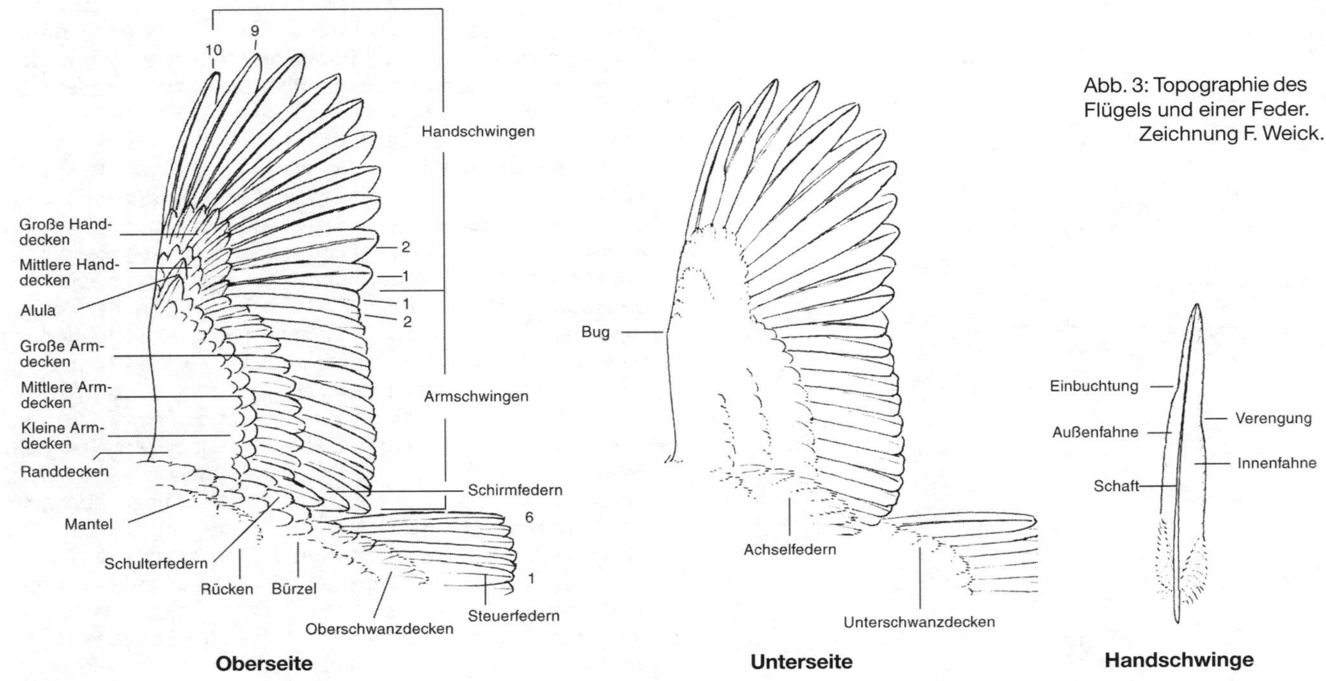

Abb. 3: Topographie des Flügels und einer Feder. Zeichnung F. Weick.

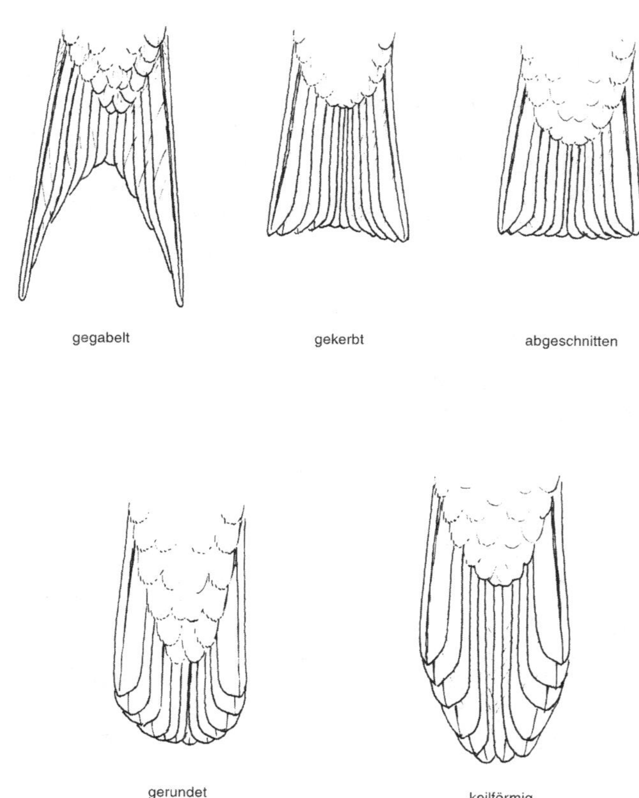

Abb. 4: Unterschiedliche Formen des Schwanzes. Zeichnung F. Weick.

ist also eher braun als grau, während bei Braungrau das Grau überwiegt.

Eine **korrekte Beschreibung** sollte also etwa **folgendem Schema** folgen: Größe und Gesamteindruck, Proportionen, Färbung der Oberseite mit dem Kopf beginnend über Nakken, Mantel, Rücken, Bürzel und Oberschwanzdecken zum Schwanz, Flügelzeichnung, Färbung der Unterseite vom Kinn über Kehle, Brust, Bauch, Flanken und Steiß zu den Unterschwanzdecken, Zeichnung im Flug, Form und Färbung der unbefiederten Körperteile (Schnabel, Beine, Iris, Lidring), besondere strukturelle Merkmale, Stimme und Verhalten. Dabei sind immer Vergleiche zu anderen, besser bekannten Vogelarten nützlich. Eine genaue Beschreibung, möglichst noch durch Skizzen ergänzt, erlaubt auch später noch das nachträgliche Bestimmen eines unbekannten Vogels, wenn man seine Aufzeichnungen mit den Angaben in der Literatur vergleicht. Aber genau hinschauen muß man schon – etwas genauer als beim Rotkehlchen.

Diese Hinweise und Zeichnungen geben nur einen ersten Einblick in die Feinheiten, die oft bei der Vogelbestimmung zu beachten sind. Eine ausführliche Topographie findet sich im Sonderheft 1 (1988) der Zeitschrift *Limicola*. Viele Begriffe und Maße mögen uns am Anfang noch wenig vertraut sein. Die Fortschritte in der Bestimmungstechnik, die bei vielen Artengruppen zu einem völlig neuen Ansatz führen, machen es jedoch erforderlich, daß wir lernen, mit ihnen umzugehen. Aber wir lernen dabei noch mehr, nämlich das genauere Betrachten der Vögel, die Möglichkeit, aus einzelnen Federn ihr Alter und Geschlecht abzuleiten, Fehlbestimmungen zu vermeiden und mehr Informationen aus unseren Beobachtungen zu ziehen.

Die Kleider der Vögel

Peter H. Barthel

Je nach Lebensalter und Jahreszeit tragen Vögel verschiedene Kleider, deren Kenntnis und exakte Benennung oft Voraussetzung für die genaue Bestimmung ist. Folgende Kleider werden grundsätzlich unterschieden:

Das erste Gefieder, in dem ein Vogel fliegen kann, wird als **Jugendkleid** bezeichnet (Abk.: JK). Obwohl vor allem Singvögel dieses Kleid schon nach recht kurzer Zeit ablegen, wird es von vielen größeren Arten noch mehrere Monate getragen, von Limikolen z. B. während des Wegzugs.

Bei vielen Arten ist das folgende Kleid schon nicht mehr vom **Alterskleid** (Abk.: AK) der Altvögel zu unterscheiden. Voll ausgefärbte Vögel bezeichnet man auch als **adult** (Abk.: ad.). Oft tragen Altvögel vor oder während der Brutzeit ein besonders auffälliges Gefieder, das **Prachtkleid** (Abk.: PK), sonst das meist eher unscheinbare **Schlichtkleid** (Abk.: SK).

Vögel, die nicht mehr das Jugendkleid, aber auch noch nicht das endgültige Alterskleid tragen, werden auch als *unausgefärbt* oder **immatur** (Abk.: immat.) bezeichnet. Bei manchen Arten, z. B. Möwen, dauert es mehrere Jahre, bis sie ausgefärbt sind. Dann läßt sich anhand typischer Färbungsmuster das Alter meist genauer festlegen. Das dem Jugendkleid im Spätsommer oder Herbst des ersten Kalenderjahres folgende Gefieder ist das **erste Winterkleid** (Abk.: 1er W), dem im Sommerhalbjahr des zweiten Kalenderjahres das **erste Sommerkleid** (Abk.: 1er S) folgt. Die sich bei Arten mit sehr langer Entwicklungszeit anschließenden Kleider heißen entsprechend **zweites Winterkleid**, **zweites Sommerkleid** (ab Frühjahr des dritten Kalenderjahres) usw.

Auflösung von Seite 8

häufigste Version

richtige Version

Skizzieren von Vögeln

Friedhelm Weick

Die Skizze von unbekannten oder nicht sicher bestimmbaren Vögeln, aber auch die Dokumentation einer interessanten Verhaltensweise oder das Festhalten eines Details, spielt trotz der gewaltig verbesserten Möglichkeit der Fotografie immer noch (oder wieder) eine wichtige Rolle in der hohen Kunst des Vogelbeobachtens. Auch wenn man kein Künstler ist: Der Zeichenstift kann manches besser festhalten als eine Beschreibung.

Feldskizzen sind eine hervorragende Ergänzung zum Eintrag von Vogelbeobachtungen ins Notizbuch. Ob es sich um seltene oder gar unbekannte Vögel handelt oder um die Beobachtung eines interessant erscheinenden Verhaltens, die Skizze unterstützt anschaulich das geschriebene Wort. Mit einer aussagekräftigen Skizze gelingt meist die nachträgliche Bestimmung des Vogels. Man sollte daher das Zeichnen im Freien auch dann nicht unterlassen, wenn man nicht geübt ist oder glaubt, kein Zeichentalent zu besitzen. Feldskizzen benötigen keinen Künstler, sondern einen geduldigen Beobachter, der mit seinen zeichnerischen Mitteln und einem guten Vorstellungsvermögen das Gesehene auf dem Papier festhalten kann. Oft ist die schnelle und präzise Skizze die einzige Beleghilfe. Dies wird z. B. beim Durchsehen der Seltenheitslisten ornithologischer Zeitschriften wie Limicola oder British Birds deutlich, die recht gekonnte Skizzen veröffentlichen.

Das Handwerkszeug

Feldskizzen lassen sich meist nur mit der Sehhilfe eines guten Fernglases durchführen, da man bei zu nahem Abstand zum Vogel ja meist schnell zum Störfaktor wird. Ferner benötigt man einen Skizzenblock (nicht zu glattes Papier) oder lose Blätter mit fester Unterlage und einer Klemmvorrichtung. Ein weicher Bleistift (B bis 8B) vervollständigt die Ausrüstung. Hier hat sich der Minenhalter mit einsetzbarer Mine, die sich bei Abnutzung einfach nachschieben läßt, bewährt. Einen Radiergummi benötigt man nicht – beim Verzeichnen wird durch Überzeichnen korrigiert oder man beginnt daneben die Skizze einfach von neuem.

Wie geht man beim Skizzieren vor?

Berühmte Feldskizzierer wie E. Ennion oder C.H. Tunnicliffe versahen zeitweilig ihr Skizzenpapier mit einem feinen quadratischen Gitternetz, was ohne Zweifel der besseren Erfassung der Proportionen zugute kommt. Die allerwichtigste Grundvoraussetzung des Zeichnens hat Tunnicliffe wie folgt umrissen:

„Man kann keine Pose zeichnen, wenn sie das Modell nicht länger als ein paar Sekunden beibehält. Wie kann man dann Zeichnungen von einem sich schnell bewegenden Vogel anfertigen? Ich kenne nur einen Weg und der heißt beobachten, beobachten und nochmals beobachten. Ver-

Das Handwerkszeug: Skizzenblock mit Notizen und TK-Minenhalter

"

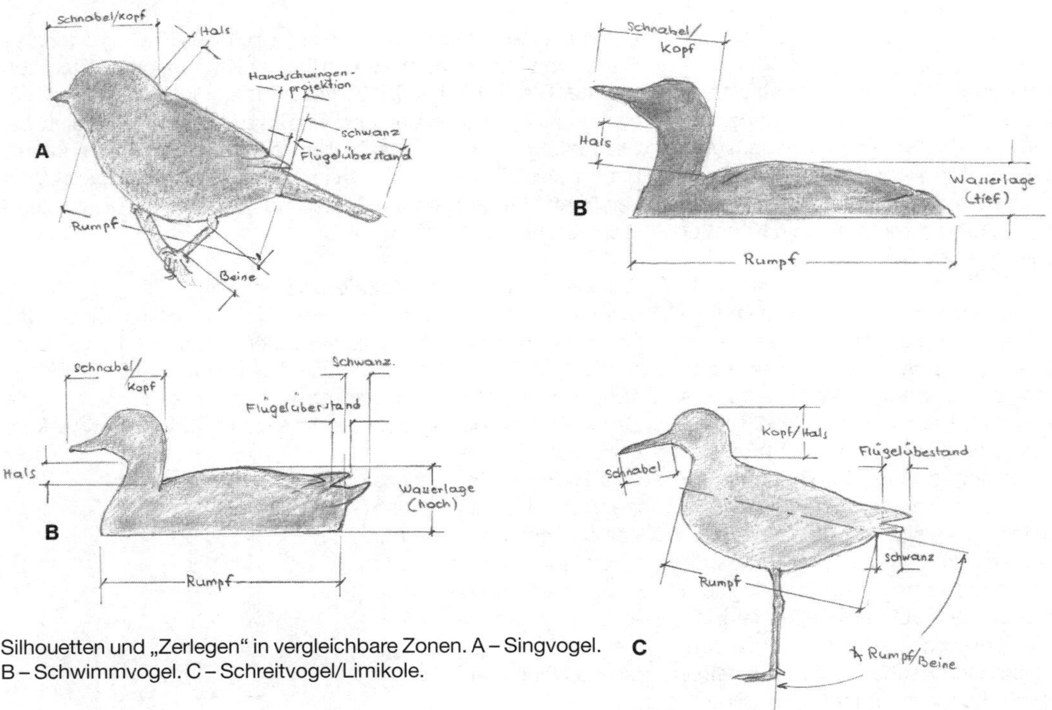

Silhouetten und „Zerlegen" in vergleichbare Zonen. A – Singvogel.
B – Schwimmvogel. C – Schreitvogel/Limikole.

suche niemals zu zeichnen, solange du den Vogel im Blick hast, sondern versuche, dir einen genauen Eindruck zu verschaffen, so daß du dich, wenn der Vogel schließlich verschwindet, an die Arbeit in deinem Skizzenbuch machen und diese Eindrücke sofort zu Papier bringen kannst."

Dem wäre eigentlich nur wenig hinzuzufügen. Wenn man einen Vogel in Ruhehaltung (Sonnen, Dösen, Schlafen) antrifft, gibt es keinen Grund, nicht sofort zum Stift zu greifen. Auch die Gefiederpflege läßt sich manchmal über einen größeren Zeitraum beobachten und lädt zum sofortigen Zeich-

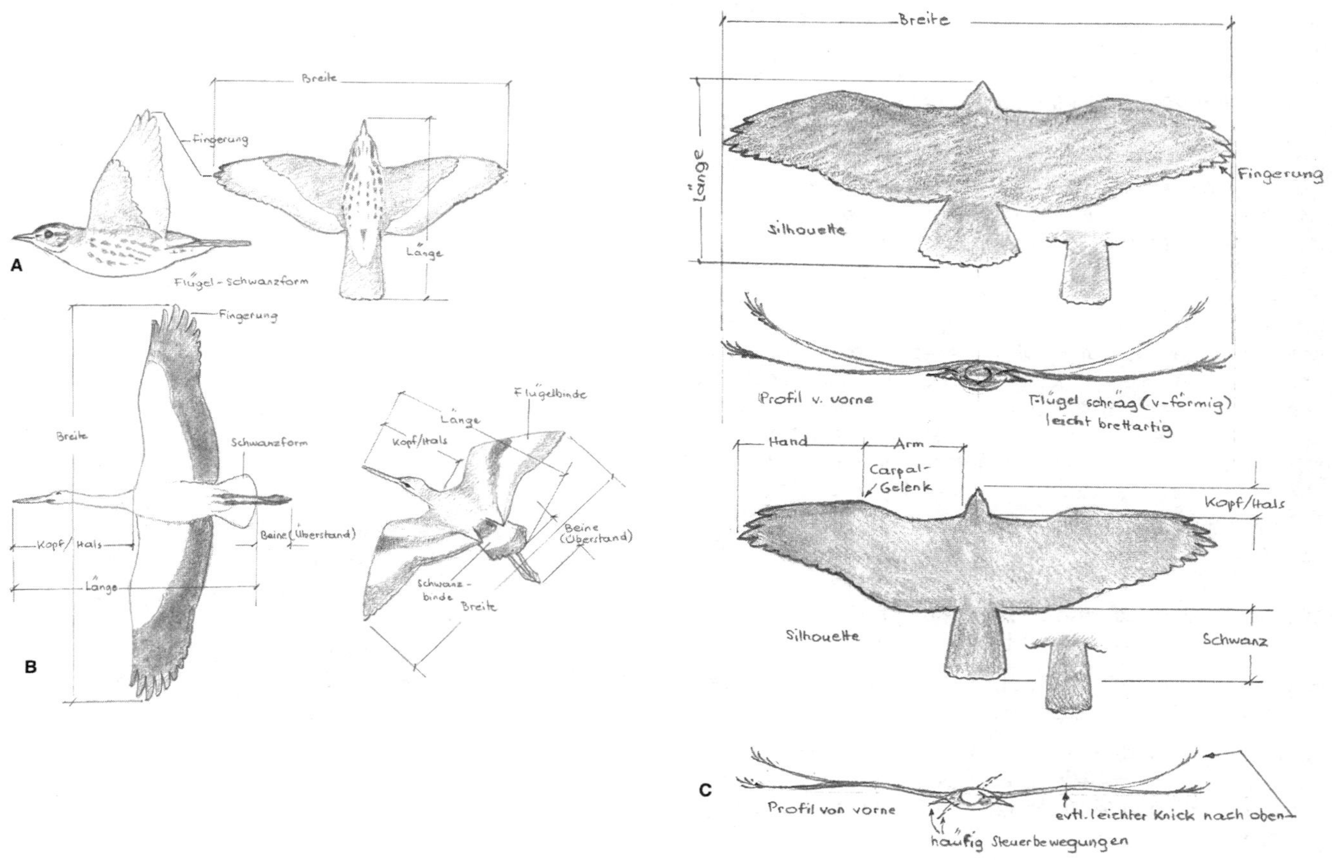

Silhouetten fliegender Vögel. A – Singvogel. B – Schreitvogel/Limikole. C – Greifvogel.

nen direkt ein. Grundsätzlich aber muß das durchgehende Beobachten zunächst Vorrang haben. Zu viele wichtige Dinge entgehen einem, wenn man sich immer wieder seinem Blatt zuwendet. Die nachfolgend aufgeführten Punkte sollten beim Skizzieren ebenfalls beachtet werden. Zuerst skizziert man den Umriß; da man häufig nur die Silhouette erkennen kann, sollte man versuchen, diese so genau wie möglich zu erfassen. Farbe und Gefiedermerkmale, die wesentliche Faktoren zum Ansprechen einer Art sind, kann man oft nicht erkennen (z. B. Beobachtung bei Gegenlicht). Umso mehr Wert sollte man auf die trotzdem erkennbaren Details legen. Beginnen wir beim Schnabel, dessen Form auch als Umriß schon sehr viel aussagt. Kopfform, Halslänge, Schwanzlänge und Überstand der Flügelspitzen erkennt man genau. Der Umriß sollte zügig gezeichnet werden, auf alle kleinlichen und verunsichernden Kritzeleien ist zu verzichten. Wenn möglich zeichnen wir den Vogel gleich in seiner typischen Haltung. Um bei der Umrißzeichnung die Proportionen besser abschätzen und somit zeichnen zu können, versucht man, den Vogel in entsprechende Zonen zu unterteilen, die sich so besser miteinander vergleichen lassen:

Singvogel: Schnabel/Kopf, Hals, Rumpf, Schwanz, Handschwingenprojektion, Flügelüberstand, Beine.

Schwimmvogel: Schnabel/Kopf, Hals, Rumpf, Schwanz, Lage im Wasser (z.B. tief wie Seetaucher).

Schreitvögel, Limikolen, usw.: Schnabel, Kopf/Hals, Rumpf, Schwanz, Beine, wobei man ein besonderes Augenmerk auf die Halsform und die Rumpfhaltung (Winkel zu den Beinen) haben sollte.

Dies ließe sich natürlich noch beliebig fortsetzen, kann aber von jedem selbst nach Belieben erweitert und variiert werden.

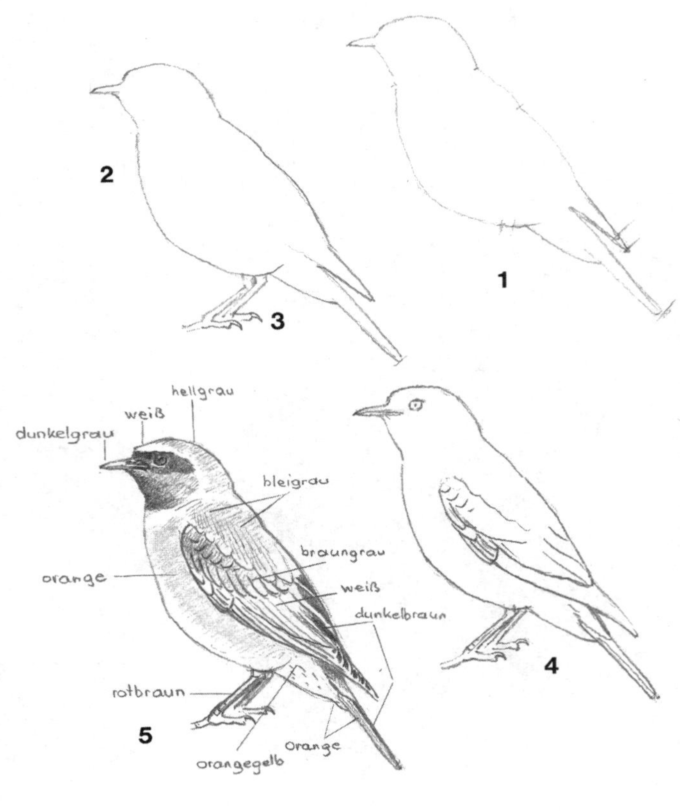

Die Entwicklung einer Vogelzeichnung: vom Umriß (1) zur fertigen Skizze (5).

Etwas anderes sind die **Proportionshilfen**, welche man sich beim fliegenden Vogel merken sollte:

Singvogel: u. a. Flügel- und Schwanzform, Verlauf der Flugbahn, Flügelschlagfrequenz.

Schreitvogel: Vergleich Länge/Breite, Kopf- und Halslänge, Halsform, Rumpflänge, Beinlänge im Verhältnis zum Schwanz. Ganz entscheidend ist hier wieder die Flügelform.

Greifvögel: Zum Ansprechen der Greifvögel sollte man zusätzlich zur üblicherweise skizzierten Silhouette immer versuchen, das Flugprofil des Vogels zu erfassen. Anstellwinkel der Flügel, Knick im Carpalgelenk und Fingerung können bekanntlich beim Vergleich sehr ähnlicher Arten häufig das ausschlaggebende Merkmal sein. Auch hier dürfte ein Gitter oder kariertes Papier für den Neuling von großer Hilfe sein. Ist man mit dem Umriß zufrieden, bei dem man als letztes die Beine einzeichnet (dabei auf richtige Lage zum Körperschwerpunkt achten!), zeichnet man Auge und Flügel ein. Bei letzterem sollte grob die Unterteilung in Flügeldecken, Armschwingen und Handschwingen erkennbar sein. Jetzt erst überlegt man, welche sonstigen signifikanten Kennzeichen zu erkennen waren, z. B. Zügelstreif, Ohrfleck, Rückenstreifung, Flügel- oder Schwanzbinde, usw. Bei Verhaltensskizzen kann auf solche Details zunächst verzichtet werden; sie spielen aber dann wieder eine wichtige Rolle, wenn diese bei Balz oder agonistischem Verhalten präsentiert werden (z. B. durch Plustern, Flügel- oder Schwanzspreizen, usw.). Beim Bestimmen der Größe eines Vogels kann manchmal der Vergleich mit einem Gegenstand in der Nähe (Blatt, Blüte, Frucht, usw.) recht hilfreich sein. Kehrt man mit seinen Skizzen nach Hause zurück, sollte man nun das Gezeichnete nochmals in Ruhe durchschauen. Jetzt hat man den nötigen Abstand, trotzdem ist das Gesehene noch in frischer Erinnerung. Bei aufkommenden Zweifeln auf frischem Blatt gleich eine Korrekturskizze anfertigen. Die Skizze aus dem Notizbuch sollte eigentlich in erster Linie Ausgangsmaterial für weitere, verbesserte Skizzenfolgen sein. In diesem Zusammenhang sei auch darauf hingewiesen, daß vor allem das Skizzieren von perspektivischen Verkürzungen oder das Zeichnen mancher Haltung zu Anfang seine Tücken birgt. Hier bringt nur beständiges Üben den Erfolg.

Die Deutsche Seltenheitenkommission
– Dokumentationsstelle für seltene Vogelarten –

Peter H. Barthel

Wenn man nach einigen Jahren etwas Erfahrung in der Vogelbestimmung gesammelt hat und häufiger einmal Beobachtungsgänge unternimmt, wird man früher oder später auch einmal einer seltenen Vogelart begegnen. Natürlich bereitet eine solche Entdeckung besondere Freude. Jedoch besitzen die meisten dieser Seltenheiten Eigenschaften, die sie zwar interessant machen, aber gleichzeitig auch den Umgang mit ihnen erschweren. Viele von ihnen ähneln häufigeren Arten, sind also nicht immer leicht zu bestimmen. Andere sehen manchen aus Gefangenschaftshaltungen entwichenen, aber nicht in den Bestimmungsbüchern abgebildeten „Exoten" sehr ähnlich und werden mit ihnen verwechselt. Doch selbst wenn die Bestimmung eines seltenen Gastes gesichert ist, stellt sich das Problem der vernünftigen Einordnung eines isolierten Einzelnachweises. Ist der Vogel wahrscheinlich auf eigenen Flügeln nach Mitteleuropa gelangt oder doch eher irgendwo entflogen? Steht sein Auftreten im Zusammenhang mit einem Einflug, einer Verlagerung der Zugwege oder einer Ausweitung des Brutareals? Mit vielen dieser Fragen ist der einzelne Beobachter oft überfordert, denn meist kennt er weder all die Klippen und Fallen der Vogelbestimmung, noch ist er über aktuelle Entwicklungen und das großräumige Auftreten der Arten informiert. Oft werden solche Probleme den Vogelfreund allerdings überhaupt nicht interessieren. Er freut sich einfach, daß er eine neue, schöne oder seltene Art gesehen hat und wird sich gerne an die Begegnung zurückerinnern.

Allerdings sind Feststellungen seltener Vogelarten aus verschiedenen Gründen auch für die Ornithologie von Interesse.

Hier müssen jedoch andere Maßstäbe gelten, damit aus der Behauptung einer Beobachtung erst einmal ein Nachweis wird. Wie auch andere Wissenschaftsbereiche ist die Ornithologie auf eine zuverlässige Datengrundlage angewiesen. Ein großer Teil der Daten liegt aber in Form flüchtiger Beobachtungen vor, die gewisse Mindestanforderungen erfüllen müssen, um als Nachweise verwendet werden zu können. Wesentliche Eigenschaft eines Nachweises ist seine Wiederholbarkeit. Nun sind flüchtige Beobachtungen als solche natürlich nicht reproduzierbar. Reproduzierbar im Sinne der Nachvollziehbarkeit sollte jedoch bei ungewöhnlichen Beobachtungen die Bestimmung der beobachteten Art sein. Dies ist über die Dokumentation der Rahmenbedingungen und der festgestellten Merkmale und Verhaltensweisen der beobachteten Tiere zu erreichen, die ein unabhängiges Gremium in die Lage versetzen kann, die Begründung einer Bestimmung am aktuellen Stand von Wissenschaft und Technik zu messen und die Diagnose zu bestätigen oder aber begründet abzulehnen. Genau das ist eine der Aufgaben von Seltenheitenkommissionen.

Solche Seltenheitenkommissionen gibt es nicht nur in allen Ländern Europas, sondern darüber hinaus in allen ornithologisch etwas weiter entwickelten Regionen der Erde. Sie arbeiten alle nach identischen Kriterien, wie sie für Europa in den Richtlinien der „Association of European Rarities Committees" auch festgeschrieben sind. Weltweit veröffentlichen seriöse vogelkundliche Zeitschriften nur noch solche Daten, die von einer Seltenheitenkommission zuvor anerkannt worden sind, und nur diese Informationen gehen auch in andere wissenschaftliche Auswertungen, Handbücher und sonstige Publikationen ein.

Neben der Überprüfung und Anerkennung von Nachweisen besteht die wichtigste Aufgabe einer Seltenheitenkommission aber darin, die vielen Einzeldaten zentral an einer Stelle zu sammeln und für spätere Auswertungen zur Verfügung zu halten. Daneben stehen auf der deutschen Meldeliste aber nicht nur ausgesprochene Seltenheiten, sondern auch einige alljährlich erscheinende Arten, bei denen vorübergehend eine Sammlung aller Daten sinnvoll erscheint, z.B. weil sie sich in Ausbreitung befinden, ihr derzeitiger Status durch bisherige Bestimmungsprobleme nicht ganz klar ist oder andere Aspekte ihres Auftretens einer Klärung bedürfen.

In Deutschland ist als *Dokumentationsstelle für seltene Vogelbeobachtungen* die *Deutsche Seltenheitenkommission* (DSK) in Zusammenarbeit mit der Deutschen Ornithologen-Gesellschaft tätig. Sie bearbeitet derzeit weit über 1.000 Meldungen pro Jahr. Diese werden in Jahresberichten für jedermann zugänglich in der Zeitschrift für Feldornithologie *Limicola* veröffentlicht. Einzelheiten zur Arbeit der Deutschen Seltenheitenkommission finden sich z. B. in den am Schluß genannten Veröffentlichungen.

Wer also eine Vogelart entdeckt, die in der im Anhang zusammengestellten Liste enthalten ist, hat nicht nur eine schöne und seltene Beobachtung gemacht, sondern kann damit auch die vogelkundliche Forschung einen Schritt weiter bringen. Zunächst sollte er versuchen, andere Vogelkundler zur Bestätigung herbeizuholen, vielleicht sogar ein Belegfoto anzufertigen, in jedem Fall aber eine genaue Beschreibung der gesehenen Merkmale anfertigen. Wenn er sich seiner Sache sicher ist, sollte er möglichst schnell einen Meldebogen ausfüllen, wie er hier als Muster abgedruckt ist. Dabei ist darauf zu achten, daß die Angaben auf der Vorderseite möglichst vollständig sind und die Dokumentation auf der Rückseite dem dort vorgegebenen Schema folgt. Dieser Bogen sollte dann an die Kommission geschickt werden, wird dort von den Mitgliedern bearbeitet und anschließend in das Archiv gegeben. Nach etwa einem Jahr erscheint die Beobachtung dann zusammen mit all den anderen Daten im Jahresbericht der Kommission mit sämtlichen Angaben, die für die wissenschaftliche Weiterverwertung gebraucht werden, natürlich auch unter Nennung der Beobachternamen. Das klingt vielleicht nach viel Arbeit, ist aber gar nicht so schlimm und kann im Gesamtbild ein sehr wichtiger Baustein sein.

Literatur zum Thema:

Barthel, P. H. (1989): Beobachtungen seltener Vogelarten: Vom Raritätenkabinett zur wissenschaftlichen Dokumentation. Ornithologen-Kalender '90: 207-215.
Barthel, P. H. (1993): Artenliste der Vögel Deutschlands. J. Ornithol. 134: 113-135.
Barthel, P. H., & E. Bezzel (1990): Feststellungen seltener Vogelarten: Ihre faunistische Bewertung und wissenschaftliche Bedeutung. Vogelwelt 111: 64-81.
Barthel, P. H., & E. Bezzel (1990): Die wissenschaftliche Dokumentation seltener Vogelbeobachtungen. Falke 37: 358-362.
Deutsche Seltenheitenkommission (1993): Mitteilungen der Deutschen Seltenheitenkommission. Limicola 7: 205-215.
Deutsche Seltenheitenkommission (1997): Seltene Vogelarten in Deutschland 1995. Limicola 11: 153-208.

Anschrift der DSK:

Deutsche Seltenheitenkommission
– Dokumentationsstelle für seltene Vogelarten –
Über dem Salzgraben 11
37574 Einbeck-Drüber

Liste der Vogelarten, die an die *Deutsche Seltenheitenkommission* – Dokumentationsstelle für seltene Vogelarten – mit Protokoll gemeldet werden sollen.

Eistaucher, Gelbschnabeltaucher, Ohrentaucher[5], Schwarzbrauenalbatros, Albatros spec., Eissturmvogel[3,6] (Unterart *glacialis* auch Küste), Gelbschnabel-Sturmtaucher, Großer Sturmtaucher, Dunkler Sturmtaucher, Schwarzschnabel-Sturmtaucher, Mittelmeer-Sturmtaucher, Kleiner Sturmtaucher, Buntfuß-Sturmschwalbe, Sturmschwalbe, Wellenläufer[2], Baßtölpel[3], Kormoran[6] (nur Unterart *carbo*), Krähenscharbe, Zwergscharbe, Rosapelikan, Krauskopfpelikan, Rötelpelikan, Nachtreiher[4], Rallenreiher, Kuhreiher, Küstenreiher, Seidenreiher, Silberreiher[1], Schwarzhalsreiher, Purpurreiher[4], Sichler, Heiliger Ibis, Löffler, Rosaflamingo, Zwergflamingo, Chileflamingo, Zwergschwan[6] (nur Unterart *columbianus*), Schwarzschwan[5], Kurzschnabelgans[3], Bläßgans[6] (nur Unterart *flavirostris*), Zwerggans, Streifengans[5], Schneegans, Zwergschneegans, Ringelgans[6] (nur Unterarten *nigricans* und *hrota*), Rothalsgans, Nilgans[5], Rostgans, Nordamerikanische Pfeifente, Sichelente, Gluckente, Dunkelente, Blauflügelente, Marmelente, Riesentafelente, Ringschnabelente, Prachteiderente, Scheckente, Kragenente, Brillenente, Spatelente, Kappensäger, Schwarzkopf-Ruderente, Weißkopf-Ruderente, Gleitaar, Bindenseeadler, Bartgeier, Schmutzgeier, Gänsegeier, Mönchsgeier, Schlangenadler, Steppenweihe, Adlerbussard, Schreiadler[4], Schelladler, Steppenadler, Kaiseradler, Steinadler[4], Zwergadler, Habichtsadler, Rötelfalke, Eleonorenfalke, Lannerfalke, Würgfalke, Gerfalke, Chukarhuhn, Steinhuhn, Kleines Sumpfhuhn, Zwergsumpfhuhn, Bronzesultanshuhn, Purpurhuhn, Jungfernkranich, Zwergtrappe, Kragentrappe, Großtrappe[4], Stelzenläufer, Triel, Rennvogel, Rotflügel-Brachschwalbe, Schwarzflügel-Brachschwalbe, Brachschwalbe spec., Seeregenpfeifer[2], Wüstenregenpfeifer, Wermutregenpfeifer, Mornellregenpfeifer, Amerikanischer Goldregenpfeifer, Pazifischer Goldregenpfeifer, Kleiner Goldregenpfeifer spec., Spornkiebitz, Steppenkiebitz, Weißschwanzkiebitz, Großer Knutt, Sandstrandläufer, Rotkehl-Strandläufer, Wiesenstrandläufer, Weißbürzel-Strandläufer, Bairdstrandläufer, Graubrust-Strandläufer, Meerstrandläufer[2], Sumpfläufer, Bindenstrandläufer, Grasläufer, Doppelschnepfe, Kleiner Schlammläufer, Großer Schlammläufer, Schlammläufer spec., Dünnschnabel-Brachvogel, Prärieläufer, Teichwasserläufer, Kleiner Gelbschenkel, Terekwasserläufer, Drosseluferläufer, Wilsonwassertreter, Thorshühnchen, Spatelraubmöwe[2], Schmarotzerraubmöwe[2], Falkenraubmöwe, Skua[3], Fischmöwe, Schwarzkopfmöwe[5] (nur Bruten), Aztekenmöwe, Präriemöwe, Schwalbenmöwe, Bonapartemöwe, Dünnschnabelmöwe, Korallenmöwe, Ringschnabelmöwe, Weißkopfmöwe[5,6] (nur Bruten; sonst nur, wenn sicher nicht zur Unterart *michahellis* gehörig), Polarmöwe, Eismöwe, Rosenmöwe, Dreizehenmöwe[2], Elfenbeinmöwe, Lachseeschwalbe[3], Rüppellseeschwalbe, Brandseeschwalbe[2], Rosenseeschwalbe, Küstenseeschwalbe[2], Rußseeschwalbe, Weißbart-Seeschwalbe, Weißflügel-Seeschwalbe, Noddiseeschwalbe, Trottellumme[2], Dickschnabellumme, Tordalk[2], Gryllteiste[2], Krabbentaucher[3], Papageitaucher, Sandflughuhn, Steppenflughuhn, Orientturteltaube, Palmtaube, Häherkuckuck, Schwarzschnabelkuckuck, Zwergohreule, Schnee-Eule, Sperbereule, Sperlingskauz[4], Habichtskauz, Pharaonenziegenmelker, Alpensegler[4], Blauwangenspint, Bienenfresser, Blauracke, Weißrückenspecht[4], Dreizehenspecht[4].
Kalanderlerche, Weißflügellerche, Mohrenlerche, Kurzzehenlerche, Stummellerche, Felsenschwalbe[4], Rötelschwalbe,

Spornpieper, Steppenpieper, Waldpieper, Pazifischer Wasserpieper, Strandpieper[2] (Unterart *petrosus* auch Küste), Schafstelze[6] (alle Unterarten außer *flava* und *thunbergi*, an der Nordseeküste auch außer *flavissima*), Zitronenstelze, Katzenvogel, Schwarzkehlbraunelle, Alpenbraunelle[4], Heckensänger, Sprosser[4], Rubinkehlchen, Blauschwanz, Schwarzkehlchen[6] (nur Unterart *maura*), Nonnensteinschmätzer, Mittelmeer-Steinschmätzer, Wüstensteinschmätzer, Saharasteinschmätzer, Steinrötel, Blaumerle, Erddrossel, Schieferdrossel, Einsiedlerdrossel, Zwergdrossel, Grauwangendrossel, Einfarbdrossel, Fahldrossel, Weißbrauendrossel, Naumanndrossel, Bechsteindrossel, Wanderdrossel, Seidensänger, Cistensänger, Streifenschwirl, Strichelschwirl, Mariskenrohrsänger, Seggenrohrsänger[4], Feldrohrsänger, Buschrohrsänger, Blaßspötter, Buschspötter, Orpheusspötter[4], Provencegrasmücke, Brillengrasmücke, Weißbart-Grasmücke, Samtkopf-Grasmücke, Wüstengrasmücke, Orpheusgrasmücke, Sperbergrasmücke[4], Kronenlaubsänger, Wacholderlaubsänger, Grünlaubsänger, Wanderlaubsänger, Goldhähnchen-Laubsänger, Gelbbrauen-Laubsänger, Tienschan-Laubsänger, Bartlaubsänger, Dunkellaubsänger, Berglaubsänger[4], Zilpzalp[6] (Unterarten *fulvescens/tristis* und *brehmii*), Halsbandschnäpper[4], Lasurmeise, Mauerläufer[4], Isabellwürger, Schwarzstirnwürger, Rotkopfwürger[4], Alpendohle[4], Alpenkrähe, Mongolenstar, Rosenstar, Hirtenmaina, Steinsperling, Schneesperling[4], Rotaugenvireo, Zitronengirlitz[4], Chinagrünling, Polarbirkenzeisig, Bindenkreuzschnabel, Kiefernkreuzschnabel, Wüstengimpel, Karmingimpel[1], Hakengimpel, Meisenwaldsänger, Grünwaldsänger, Fuchsammer, Dachsammer, Weißkehlammer, Spornammer[2], Maskenammer, Fichtenammer, Zaunammer[4], Zippammer[4], Türkenammer, Grauortolan, Gelbkehlammer, Waldammer, Zwergammer, Weidenammer, Braunkopfammer, Kappenammer, Rosenbrust-Kernknacker, Indigofink, Lazulifink, Vielfarbenfink, Papstfink.

Bei den durch hochgestellte Ziffern gekennzeichneten Arten gelten folgende Einschränkungen:

[1] hier ist nur eine Kurzbeschreibung erforderlich; [2] nur Feststellungen außerhalb des Meeres und engeren Küstenbereichs der Nord- und Ostsee; [3] nur Feststellungen außerhalb der Nordsee und ihrer Küste; [4] nur Feststellungen außerhalb der bekannten Brut- oder Überwinterungsgebiete; [5] nur Brutnachweise; [6] nur Feststellungen einiger Unterarten.

Ferner sollten selbstverständlich alle in Deutschland noch nicht nachgewiesenen Arten und Unterarten dokumentiert werden. Daneben sollten aber auch solche Arten gemeldet werden, bei denen eine Herkunft aus Gefangenschaft möglich oder sogar wahrscheinlich ist (z. B. fernöstliche und amerikanische Enten und Ammern, die teilweise in obiger Liste bereits aufgeführt sind).

Deutsche Seltenheitenkommission, Über dem Salzgraben 11, D-37574 Einbeck-Drüber.

Bitte denken Sie daran, Dokumentationen nur auf *vollständig ausgefüllten* Meldebögen mit *ausreichender Beschreibung* und unter *Beifügung eventueller Belege* einzureichen. Hinweise zum Ausfüllen des Meldebogens finden sich z. B. in *Limicola* 7 (1993), S. 205-215. Die Jahresberichte der Kommission mit sämtlichen anerkannten Nachweisen erscheinen in der Zeitschrift *Limicola*. Meldebögen können bei der Kommission kostenlos angefordert werden.

Deutsche Seltenheitenkommission

- Dokumentationsstelle für seltene Vogelarten -

Meldebogen

in Zusammenarbeit mit der
Deutschen Ornithologen-Gesellschaft

| E | K | B |

Vogelart: ___________________________________

Alter/Geschlecht/Kleid: _______________________

Anzahl: _________   Erstes Datum: _____________

Spätere Daten/Letztes Datum: _________________

Beobachtungsort: ____________________________

Geogr. Koordinaten (falls bekannt): _____________

Kreis: ______________________________________

Bundesland: _________________________________

Lebensraum: ________________________________

Wetter (Bewölkung, Lichtverhältnisse, Sichtweite, Wind,

Beobachtungsrichtung): _______________________

Optische Ausrüstung (Fernglas, Spektiv): ________

Entfernung zum Vogel: ________________________

Uhrzeit: ____________________________________

Beobachtungsdauer (davon gut gesehen): ________

Gleichzeitig anwesende vergleichbare Arten: ______

Beobachter/Melder (Name, Anschrift, Tel.): _______

ausgefüllt am: _______________________________

Haben Sie versucht, Mitbeobachter zur Bestätigung herbeizu-

rufen? _____________________________________

Weitere Beobachter (Name, Anschrift, Tel.): _______

Wer entdeckte den Vogel? _____________________

Wer bestimmte ihn zuerst? ____________________

Wer war mit der Bestimmung nicht einverstanden?

Wann wurde der Vogel bestimmt? ☐ sofort

☐ nach längerer Beobachtung   ☐ nach Literaturstudium

Die Beobachtung ist belegt durch (Belege bitte beifügen!):

☐ Fotos   ☐ Tonbandaufnahmen

☐ Präparat   ☐ _____________________________

Wo sind die Belege archiviert (Name, Anschrift)?

Falls Beobachtung bereits veröffentlicht, wo und wann?

☐ Kopie der Veröffentlichung beiliegend

Bitte erstellen Sie unbedingt eine vollständige Dokumentation auf der Rückseite ▶

Füllen Sie den Bogen bitte vollständig und gut leserlich (Druckschrift oder Schreibmaschine) aus und schicken Sie ihn an:
Deutsche Seltenheitenkommission, Über dem Salzgraben 11, D-37574 Einbeck-Drüber.

Die Arbeit der Deutschen Seltenheitenkommission wird von Carl Zeiss,
Geschäftsbereich Ferngläser gefördert

Bitte machen Sie (gegebenenfalls auf zusätzlichen weißen DIN-A-4-Blättern mit breitem Rand) ausführliche Angaben zu folgenden Punkten:
Beobachtungsumstände · Beschreibung des Vogels (Gesamteindruck, Größe, Gestalt, Färbung von Kopf, Oberseite, Schwanz, Unterseite und Flügeln, Größe und Färbung von Schnabel und Beinen, Flugbild, Stimme, Verhalten) anhand Ihrer Feldnotizen · Wenn es der Klärung dient, versuchen Sie bitte, eine Skizze des Vogels anzufertigen · Welche Kennzeichen oder Körperteile wurden nicht gesehen? · Geben Sie bei gefangenen oder toten Vögeln bitte Maße, Mauserdaten usw. an · Mit welchen Arten könnte der Vogel verwechselt werden, und warum ist eine Verwechslung ausgeschlossen? · Geben Sie bitte Einzelheiten darüber an, ob Sie oder ein Mitbeobachter mit der Art oder ähnlichen Arten von früheren Begegnungen her vertraut sind · Welche Bestimmungsliteratur haben Sie während der Beobachtung, kurz darauf oder später zu Rate gezogen? · Bleiben irgendwelche Restzweifel an der Bestimmung? ·

Das Internet macht's möglich: Vogelinfo's per Mausklick

Thomas Griesohn-Pflieger

Das GermanBirdNet, über das im FALKEN schon öfter berichtet wurde, ist ein Schneeballsystem von E-Mail-Adressen, das 1996 von zwei Vogelbeobachtern in Westfalen gegründet wurde. Wer sich per Internetanschluß, Modem und Telefonleitung in das Netz einklinkt, bekommt täglich die aktuellen Informationen über Beobachtungen aus Deutschland (und darüber hinaus) und nimmt teil an den Diskussionen der vernetzten Birder. Kaum zu glauben ist bei soviel Informationsgewinn, daß das GBN kostenfrei ist, sieht man von den eigenen Kosten für Provider und Telefon (zusammen meist keine 20 Mark im Monat) einmal ab.

Gegenüber anderen Informationssystemen hat das GBN entscheidende Vorteile: So lassen sich E-Mails im Gegensatz zu den (telefonischen) Hotlines oder Paging-systemen (in Deutschland zum Beispiel Quix und Scal) leicht archivieren, auch nach beliebigen Vorgaben ordnen. Bestimmte Nachrichten lassen sich per Volltextsuche auch dann noch wiederfinden, wenn man zum Beispiel weder Absender noch Datum der Meldung parat hat. E-Mails kann man speichern oder/und ausdrucken, kann sie – unverändert oder kommentiert – weitersenden und direkt mit dem Absender diskutieren. Eineinhalb Jahre nach seiner Gründung durch FALKE-Leser hat das GermanBirdNet immerhin mehr als 300 Teilnehmer und ist das einzige aktuelle Diskussions- und Informationsforum für deutsche Vogelbeobachter. Keineswegs finden hier "nur Birder" die sich bislang über telefonische hotlines über rarities informierten, brauchbare Meldungen.

Denn auch phänologische Daten und echte Zählungen werden ausgetauscht, und wer schnell einen Ansprechpartner für Sperlingskäuze in Holland braucht, hat gute Chancen einen genannt zu bekommen. Und das alles unkompliziert, konkurrenzlos schnell und obendrein billig!

Im Schnitt erreichen zu guten Zeiten (Vogelzugwochenende) bis zu zwanzig Nachrichten über Alltäglichkeiten, Seltenheiten, Jahreserstfestellungen oder bestimmte Fragestellungen die GBNler.

Regelmäßig finden sich unter den Meldungen auch Informationen aus den Niederlanden, Österreich, Kanada und Schweden. Die Teilnehmer erhalten wöchentlich eine Zusammenfassung der Diskussionen und Meldungen aus dem EuroBirdNet und tauschen sich natürlich auch über neue Entwicklungen im Internetangebot für Birder aus.

Wer am Informationsfluß des GermanBirdNet teilhaben möchte, schickt eine Botschaft, die nur folgende Zeile enthalten darf: „subscribe Germanbirdnet" per E-Mail an folgende Adresse: *<majordomo@rrze.uni-erlangen.de>*. Unmittelbar nach Versenden dieser Mail bekommt der Absender einen Begrüßungstext mit weiteren Instruktionen – zum Beispiel die, wie er wieder aus dem Netz herauskommt – und dann kann es sein, daß Minuten später schon die ersten hotline-Infos auflaufen.

Und wie man an ein Modem, einen Internetzugang und die entsprechende Software herankommt, kann Ihnen am besten Ihr Sohn, Enkel, Neffe oder Nachbarskind erklären...

Willkommen im Nest!

Ausrüstungsliste für Vogelfreunde

Till Meinrenken

Vielleicht hat der eine oder andere Vogelbeobachter auch schon mal Situationen wie diese erlebt: Auf einem Spaziergang mit Freunden möchte man gerne den am Gesang erkannten Vogel auch durchs Fernglas zeigen, – allein das gute Stück liegt zusammen mit dem Bestimmungsbuch ordentlich zu Hause im Regal - wo es ja auch hingehört. Oder für den lang und sorgfältig vorbereiteten Sommerurlaub ist sogar an den unentbehrlichen Faltgrill gedacht worden, der seltene Vogel im Sucher des Teleobjektives läßt sich aber nicht ablichten, weil genau in diesem Moment die Batterie der teuren Kamera ihren Geist aufgibt – die spezielle Ersatzbatterie ist leider nicht dabei.

Selbst wenn sich der umsichtige Ornithologe vor seinem nächsten Ausflug an den gerade vorher vermißten Gegenstand erinnert und beim Packen berücksichtigt, gibt es viele weitere nützliche Dinge, die vergessen werden können. Damit nicht jeder erst jahrelang ausprobieren muß, was aus ornithologischer Sicht im Gelände wichtig, unentbehrlich oder verzichtbar ist, wurden die folgenden Checklisten zusammengestellt. Ähnlich wie gute Kochrezepte verraten sie die "Grundzutaten", um eine interessante und erfolgreiche Vogelexkursion zu gestalten. Nach kurzer Zeit wird aber jeder selbst wissen, welche Gegenstände davon weglassen oder welche hinzugefügt werden müssen, damit die Ausrüstung den ganz persönlichen Bedürfnissen entspricht. In diesem Sinne erheben die hier zusammengestellten Checklisten keinen Anspruch auf Vollständigkeit. Sie sind eher "Universallisten", die aufgrund eigener Erfahrungen aufgestellt wurden und beschränken sich auf Dinge, die wichtig, weil wesentlich und für die Unternehmung wertvoll sind.

Jeder sollte vor der geplanten Tour den "Checktest" machen: Checke mehrmals die Liste ab. Streiche alle Gegenstände, die für den geplanten Ausflug belanglos, uninteressant oder von untergeordneter Bedeutung sind. Es ist nämlich genauso frustrierend, einen Gegenstand den ganzen Tag mit sich herumzuschleppen, um später festzustellen, daß er eh nicht hätte benutzt werden können.

Zusammengestellt wurde zunächst ein Grundliste, in der die Ausrüstung für einen kleinen ornithologischen Spaziergang vorgeschlagen wird. In den Zusatzlisten für eine Tagesexkursion sowie einen mehrtägigen Natururlaub sind zusätzlich die Dinge aufgelistet, die die Grundausrüstung komplettieren. Selbstverständlich sind für die verschiedenen Möglichkeiten der Anreise (Fahrrad, Bahn, Bus, Auto oder Flugzeug) und der Unterkunft vor Ort (Bekannte, Zelt, Herberge, Pension, Hotel) zum Teil spezielle Reiseutensilien zu berücksichtigen, auf die an dieser Stelle nicht eingegangen wird.

Grundsätzlich sollte vor jeder Exkursion – egal wie lange sie dauert – folgendes abgecheckt werden:

❑ Gibt es ortskundige Ornithologen, die vorher (z. B. nach günstigen Beobachtungsmöglichkeiten) (aus-)gefragt werden können?
❑ Gibt es geeignetes Kartenmaterial, z. B. im Maßstab 1:25.000 oder besser 1:10.000 ?
❑ Sind lokale Schutzgebiete und gesetzliche Bestimmungen zu berücksichtigen ?

❑ Gibt es lokale Naturschutzgruppen, die Exkursionen oder ähnliches anbieten ?
❑ Ist die Verpflegung, Unterbringung und medizinische Hilfe vor Ort gesichert ?
❑ Kann die Tour durchgeführt werden, ohne die Gastfreundschaft anderer übermäßig zu beanspruchen ?

1. Spaziergang
❑ kleiner Rucksack oder Umhängetasche
❑ Fernglas
❑ Bestimmungsbuch, Feldführer
❑ Notizbuch (weißes Papier reißt bei Nässe nicht so schnell)
❑ Bleistift (schreibt auch auf nassem Papier)
❑ Geländekarte (mögl. 1:25.000 oder größerer Maßstab)
❑ Sammeltüten (für Federn oder ähnliches)
❑ Taschenmesser (auch als Anspitzer für Bleistift!)
❑ Uhr
❑ Telefonkarte
❑ wetterfeste Jacke und feste Schuhe
❑ Tages- und jahreszeitlich angepaßte Kleidung
❑ Regenschutz (evtl. auch für Kamera und Fernglas)
❑ Sonnenbrille
❑ evtl. kleine Fototasche mit Kamera, Ersatzfilm und sauberes Wischtuch
❑ evtl. Sonnen- und Mückenschutz (Hut, Moskitonetz,Deo oder Sonnencreme)

2. Tagesexkursion
❑ Tagesrucksack
❑ Bestimmungsbücher, evtl. für bestimmte Vogelgruppen
❑ Spektiv
❑ Stativ (incl. Stativplatte für Spektiv und Kamera)
❑ Klebeband, Schnur, kleiner Schraubenzieher

❑ Getränkeflasche aus Alu oder Kunststoff (Flüssigkeits-Grundbedarf: 3 bis 4 Liter täglich, je nach körperlicher Betätigung; im Gebirge noch mehr!)
❑ Thermoskanne für Warmes oder Kaltes (Warmes löscht besser Durst als Kaltes!)
❑ Tagesproviant, möglichst leicht und nahrhaft (z. B. sog. Energie-Riegel o.ä.)
<u>Geeignet:</u> Müsli, Vollkornbrot, Obst, Tee, Schorle, Suppe, Kraftbouillon, Elektrolyt-Getränke, 0,3 %iges Salzwasser (= 3 g auf 1 Liter)
<u>Ungeeignet:</u> Traubenzucker, pappiges Weißbrot, Schokoriegel, süße Limos, alkoholhaltige Getränke, fette und üppige Regionalküche
❑ kleines Erste-Hilfe-Set (Kleiderschere, Splitter/Zecken-Pinzette, Wundschnellverband, Verbandpäckchen, Dreiecktuch, Pflaster, Gold/Silber-Rettungsdecke)
❑ Regenjacke
❑ Regenhose
❑ evtl. Kompaß, wenn es in unübersichtliches Gelände geht
❑ evtl. Aufnahmegerät mit Mikrofon und Parabolreflektoren
❑ evtl. Kameraausrüstung (s. o.) mit mehreren Ersatzfilmen und Drahtauslöser

3. Mehrtätige Reise / Urlaub
❑ großer Rucksack, Reisetasche oder Koffer
❑ Bestimmungsliteratur, evtl. auch für Pflanzen, Insekten, Gewölle und Federn
❑ Ersatzbatterien/Akkus für Taschenlampe, Kamera, Aufnahmegerät, evtl. Ladegerät
❑ Taschen- oder Stirnlampe
❑ Waschbeutel mit Inhalt (je nach individuellem Reinlichkeitsbedürfnis)
❑ Brustbeutel für Geld, Schecks, Karten, Dokumente

- ❑ Erste-Hilfe-Set (s. o.) und Rucksackapotheke (zusätzlich: Leiterschienen, Tabletten gegen Schmerz und Fieber, Salben gegen Verbrennung und Insektenstich, Wundsalbe, Kaliumpermanganat ($KMnO_4$) zur Wasserentkeimung, Wunddesinfektion und als kaliumreiches Getränk bei starkem Schwitzen)
- ❑ Reisenähzeug, Sicherheitsnadeln
- ❑ Ersatzkleidung (Hose, T-Shirt, Socken, Unterwäsche)
- ❑ Fleece- oder Wollpullover
- ❑ Sportsandalen oder andere leichte Schuhe für „Erholungstage"
- ❑ evtl. Fototasche oder Fotorucksack mit Kamera, Blitzgerät, Wechselobjektiven, Ersatzfilmen, Filter, Drahtauslöser, Graukarte und Goldfolie für indirektes Licht
- ❑ evtl. Gummistiefel oder Wathose
- ❑ evtl. Reise- und Sprachführer
- ❑ evtl. Tetanus-Schutzimpfung auffrischen und andere, empfohlene Impfungen (insbesondere fürs Ausland) frühzeitig durchführen lassen

Um Ihnen einen Eindruck von den vielseitigen Beiträgen des **Ornithologen-Kalenders** zu geben, hier eine nach Themen aufgeschlüsselte **Auswahl an Beiträgen aus den vergangenen Jahren**, die für den Vogelbeobachter und Feldornithologen von besonderem Interesse sind:

Naturschutzrecht und Naturschutzpolitik

Neues Artenschutzgesetz in der Bundesrepublik Deutschland, **Jg. 88**, S. 169

Rechtsgrundlagen des Natur- und Artenschutzes: Haltung und Fang von Tieren, **Jg. 89**, S. 173

Endlich wirksamer Vogelschutz? – Dann sind neue Wege unerläßlich. **Jg. 89**, S. 227

Internationale Naturschutz-Vereinbarungen, die auch dem Vogelschutz dienen. **Jg. 92**, S. 163

Ornithologische Forschung in Naturschutzgebieten – ein Konflikt? **Jg. 93**, S. 169

Seevögel und Fischerei – Ein Situationsbericht mit Schwerpunkt Nordsee. **Jg. 96**, S. 185

Die Liste der Erwählten. Vogel des Jahres: ein Vierteljahrhundert Artenschutzpolitik? **Jg. 97**, S. 233

Aus der Freiheit in den Käfig – Anmerkungen zum Spannungsfeld von Artenschutz, Vogelhandel und Vogelhaltung. **Jg. 99**

Praxistips

Wie lernt man Vogelstimmen kennen? **Jg. 88**, S. 193

Praktische Ratschläge für ornithologische Exkursionen. **Jg. 89**, S. 175

Mauser der Vögel – selbst untersucht. **Jg. 90**, S. 195

Das Skizzieren von Vögeln. Drei bekannte Zeichner geben praktische Tips. **Jg. 91**, S. 215

Die Grundbibliothek des Feldornithologen. **Jg. 91**, S. 251

Ferngläser in der ornithologischen Praxis, ein Vergleich. **Jg. 96**, S. 245

Alles Jacke wie Hose? – Ausrüstungstips für Vogelbeobachter 1. **Jg. 99**

Methoden

Vogelspuren – Erkennen, Bestimmen, Konservieren. **Jg. 89**, S. 193

Vogelfedern als Bioindikatoren. **Jg. 91**, S. 196

Monitorprogramm: Bestandskontrollen von Brutvögeln. **Jg. 91**, S. 229

Herzschlagraten als Maß zur Beurteilung des Einflusses von Störungen bei Vögeln. **Jg. 92**, S. 217

Vogelberingung in der Bundesrepublik Deutschland. **Jg. 95**, S. 189

Satelliten-Telemetrie – ein neues Hilfsmittel in der Erforschung von Vogelwanderungen. **Jg. 97**, S. 165.

Die Vogelmarkierung mit Transpondern eröffnet neue Einblicke in das Vogelleben. **Jg. 98**, S. 167

Molekulargenetische Methoden in der Vogelsystematik: Die Polymerase-Kettenreaktion (PCR). **Jg. 99**

Vogelbestimmung

Vom Raritätenkabinett zur wissenschaftlichen Dokumentation. **Jg. 90**, S. 207

Wieviel Vögel sind noch unbekannt? **Jg. 94**, S. 170

Knifflige Probleme der Vogelbestimmung:

Die Bestimmung „heller" Großmöwen. **Jg. 91**, S. 207

Die Unterscheidung von Fluß- und Küstenseeschwalbe. **Jg. 92**, S. 204

Die Unterscheidung von Nachtigall und Sprosser. **Jg. 93**, S. 208

Der Rotkehlpieper **Jg. 94**, S. 222

Wichtige Adressen

Die folgende Liste gibt einen kleinen Überblick über Adressen, die für den Vogelbeobachter von Bedeutung sind. Neben den staatlichen Vogelschutzwarten und Forschungseinrichtungen gibt es eine Vielzahl von überregionalen und regionalen Vereinigungen und Verbänden, in denen sich begeisterte Vogelbeobachter zusammengefunden haben. An dieser Stelle kann nur eine kleine Auswahl daraus gegeben werden. Eine **ausführlichere Liste** finden Sie – stets aktualisiert – in dem jährlich erscheinenden Ornithologen-Kalender des AULA-Verlages.

Über die Staatlichen Vogelschutzwarten oder die Regierungspräsidien der einzelnen Länder können Sie auch Informationen über die anerkannten **Vogelpflegestationen** erhalten, die sich um kranke und verletzte Vögel kümmern.

I. STAATLICHE VOGELSCHUTZWARTEN

Baden-Württemberg: In der Bezirksstelle für Naturschutz und Landschaftspflege Karlsruhe, Postfach 1504, 76004 Karlsruhe, Tel. 0721/926-4382

Bayern: Bayerisches Landesamt für Umweltschutz, Referat Artenschutz Vögel, Gsteigstr. 43, 82467 Garmisch-Partenkirchen, Tel. 08821/2330

Berlin: Senatsverwaltung für Stadtentwicklung, Umweltschutz und Technologie, Sachgebiet III A 23, am Köllnischen Park 3, 10173 Berlin, Tel. 030/2471-2460

Brandenburg: Landesumweltamt Brandenburg, Rietzer See, 14778 Schenkenberg

Bremen: Senator für Umweltschutz, Referat Arten- und Biotopschutz, Hanseatenhof 5, 28195 Bremen

Hamburg: Naturschutzamt in der Umweltbehörde, Billstr. 84, 20539 Hamburg, Tel. 040/7880-2226

Hessen, Rheinland-Pfalz und das Saarland: Steinauer Str. 44, 60386 Frankfurt, Tel. 069/411532, Fax 069/425152

Mecklenburg-Vorpommern: Landesamt für Umwelt und Natur, Abt. naturschutz, Wampener Str., 17498 Neuenkirchen, Tel. 03834/791-0

Niedersachsen: Niedersächs. Landesamt für Ökologie, Fachbehörde für Naturschutz, Göttinger Str. 14, 30449 Hannover, Tel. 0511/4446-216

Nordrhein-Westfalen: Landesanstalt für Ökologie, Dezernat 35, Leibnizstr. 10, 45659 Recklinghausen

Sachsen-Anhalt: Zerbster Str. 7, 39264 Steckby, Tel. 039244/ 297

Schleswig-Holstein: Landesamt für Natur und Umwelt, Olshausenstr. 40, 24118 Kiel, Tel. 0431/8804502/01

Thüringen/Seebach: Thüringer Landesanstalt für Umwelt, Lindenhof 3, 99991 Seebach, Tel. 03601/440-565

II. ORNITHOLOGISCHE FORSCHUNGSINSTITUTE

Institut für Vogelforschung „Vogelwarte Helgoland", An der Vogelwarte 21, 26386 Wilhelmshaven-Rüstersiel, Tel. 04421/ 61800

Institut für Vogelforschung „Vogelwarte Helgoland" (Außenstation für Populationsökologie), Bauernstr. 14, 38162 Cremlingen, Tel. 05306/4738

Institut für Vogelforschung „Vogelwarte Helgoland" (Inselstation Helgoland), Postfach 1220, 27494 Helgoland, Tel. 04725/306, Fax 04725/7471

Vogelwarte Hiddensee, 18565 Kloster / Hiddensee, Tel. 038300/212

Vogelwarte Radolfzell, Schloß Möggingen, 78315 Radolfzell, Tel. 07732/15010, Fax 07732/150134

III. ORNITHOLOGISCHE VEREINE UND VERBÄNDE

Überregionale Verbände in Deutschland

Dachverband Deutscher Avifaunisten (DDA), c/o. Dr. Dieter Franz, am Schafberg 31, 96476 Rodach.

In dem Dachverband sind über 40 regionale und überregionale Verbände als Mitglied vertreten. Über den Dachverband können Sie Informationen zu aktuellen Monitorprogrammen, zu aktueller ornithologischer Literatur (Herausgabe der Ornithologischen Schriftenschau) und zu Atlasprojekten erhalten. Über den Dachverband können Sie auch Kontakt zu einer in Ihrer Region ansässigen vogelkundlichen Vereinigung aufnehmen.

Bund für Umwelt und Naturschutz Deutschland e.V. (BUND), Im Rheingarten 7, 53225 Bonn, Tel. 0228/40097-0, Fax 0228/40097-40

Deutsche Ornithologen-Gesellschaft (DO-G), Präsident: Prof. Dr. Roland Prinzinger, Universität Frankfurt, Siesmeyerstr. 70, 60323 Frankfurt am Main.

Deutsche Seltenheitenkommission, Über dem Salzgraben 11, 37574 Einbeck-Drüber, Tel. 05561/82224, Fax 05561/82289

Deutscher Rat für Vogelschutz, c/o H.-G. Bauer, Vogelwarte Radolfzell, 78315 Radolfzell

Naturschutzbund Deutschland (NABU), Bundesgeschäftsstelle, Herbert-Rabius-Str. 26, 53225 Bonn, Tel. 0228/97561-0

Regionale Verbände in Deutschland (kleine Auswahl)

Gesellschaft für Naturschutz und Ornithologie Rheinland-Pfalz e.V. (GNOR), Bachgasse 4, 56377 Nassau

Hessische Gesellschaft für Ornithologie und Naturschutz e.V. (HGON), Lindenstr. 5, 61209 Echzell, Tel. 06008/1803, Fax 06008/7578

Landesbund für Vogelschutz in Bayern e.V., Eisvogelweg 1, 91161 Hilpoltstein, Tel. 09174/4775-0, Fax 09174/4775-75

Niedersächsische Ornithologische Vereinigung, H. Zang, Oberer Triftweg 31 A, 38640 Goslar, Tel. 05321/23670

Ornithologenverband Sachsen-Anhalt (OSA) e.V., Klaus George, Pappelweg 183e, 06493 Badeborn

Ornithologische Gesellschaft in Bayern e.V., Manfred Siering, Lindenstr. 10, 81545 München

Verein Jordsand zum Schutz der Seevögel und der Natur e.V., Haus der Natur, Wulfsdorf, 22926 Ahrensburg

Verein Sächsischer Ornithologen, Postfach 29, 09331 Hohenstein-Ernstthal, Tel. 03723/711825

Verein Thüringer Ornithologen e.V., H. Grimm, Große Arche 14, 99015 Erfurt

Nordrhein-Westfälische Ornithologengesellschaft e.V. (NWO), Bornheimer Str. 100, 53119 Bonn (Geschäftsstelle)

Angrenzende Länder:

Ala, Schweizerische Gesellschaft für Vogelkunde und Vogelschutz, Frau R. Horváth-Manetsch, Rüttenenweg 63, CH-4313 Möhlin AG
Schweizerische Vogelwarte; CH-6204 Sempach / Schweiz
Schweizer Vogelschutz (SVS), Postfach, CH-8036 Zürich, Tel. 0041/1/4637271
BirdLife Österreich, Gesellschaft für Vogelkunde, c/o Naturhistorisches Museum, Museumsplatz 1/10/8, A-1070 Wien, Tel. 0043/1/5234651, Fax 0043/1/5247040
Vogelbescherming Nederland, F. Terstappen, Driebergseweg 16 c, NL-3708 JB Zeist, Tel. 03404/37777, Fax 03404/18844
Nederlandse Ornithologische Uniee, c/o RIN, P.O.Box 9201, NL-6800 HB Arnhem, Niederlande

Weitere Adressen:

Name:

Straße:

PLZ/Ort:

Tel.:   Fax:

eMail:

Name:

Straße:

PLZ/Ort:

Tel.:   Fax:

eMail:

Name:

Straße:

PLZ/Ort:

Tel.:   Fax:

eMail:

Name:

Straße:

PLZ/Ort:

Tel.:   Fax:

eMail:

Name:

Straße:

PLZ/Ort:

Tel.:   Fax:

eMail:

Name:

Straße:

PLZ/Ort:

Tel.:   Fax:

eMail:

Beobachtungsliste

Die Liste enthält die Namen der meisten in Europa regelmäßig vorkommenden Vogelarten; für Seltenheiten ist freier Raum zur Eintragung vorgesehen. Die beiden letzten Spalten geben Status und Jahreszeit des Vorkommens in Mitteleuropa (Bundesrepublik Deutschland, Österreich, Schweiz, Beneluxländer) an. Dabei bedeuten: **B**: Brutvogel; **G**: Gast; **A**: Ausnahmeerscheinung. Symbole in ( ): kommt nur an wenigen Plätzen oder in engumgrenzten Teilgebieten regelmäßig vor; Kleinbuchstaben: unregelmäßig oder nur in größeren Abständen nachgewiesen. **J**: Jahresvogel; **S**: Sommervogel; **W**: Wintergast; **D**: Durchzügler. Vogelnamen und Reihenfolge der Arten entsprechen weitgehend der Artenliste für die Westpaläarktis (Limicola 2, Sonderheft 1988).

Art	Status	Datum	Anzahl	Protokoll-Nr. / Bemerkungen
Seetaucher – Gaviidae				
❑　Sterntaucher – *Gavia stellata*	G, W			
❑　Prachttaucher – *G. arctica*	G, W			
Lappentaucher – Podicipedidae				
❑　Zwergtaucher – *Tachybaptus ruficollis*	B, J			
❑　Haubentaucher – *Podiceps cristatus*	B, J			
❑　Rothalstaucher – *P. grisegena*	(B), J			
❑　Ohrentaucher – *P. auritus*	G, W			
❑　Schwarzhalstaucher – *P. nigricollis*	B, S			
Sturmvögel – Procellariidae				
❑　Eissturmvogel – *Fulmarus glacialis*	(B), J			
❑　Schwarzschnabel-Sturmtaucher – *Puffinus puffinus*	(G), D			
❑　Dunkler Sturmtaucher – *P. griseus*	(G), D			
Sturmschwalben – Hydrobatidae				
❑　Sturmschwalbe – *Hydrobates pelagicus*	A			
Tölpel – Sulidae				
❑　Baßtölpel – *Sula bassana*	(Gb), W/D			

Art	Status	Datum	Anzahl	Protokoll-Nr. / Bemerkungen
Kormorane – Phalacrocoracidae				
❑ Kormoran – *Phalacrocorax carbo*	(B), J			
❑ Krähenscharbe – *Ph. pygmeus*	g, W			
Reiher – Ardeidae				
❑ Rohrdommel – *Botaurus stellaris*	B, S/J			
❑ Zwergdommel – *Ixobrychus minutus*	B, S			
❑ Nachtreiher – *Nycticorax nycticorax*	(B), S			
❑ Rallenreiher – *Ardeola ralloides*	g, S			
❑ Kuhreiher – *Bubulcus ibis*	g, S			
❑ Seidenreiher – *Egretta garzetta*	G, S			
❑ Silberreiher – *E. alba*	(B), S/J			
❑ Graureiher – *Ardea cinerea*	B, J			
❑ Purpurreiher – *A. purpurea*	(B), S			
Störche – Ciconiidae				
❑ Schwarzstorch – *Ciconia nigra*	(B), S			
❑ Weißstorch – *C. ciconia*	B, S			
Ibisse – Threskiornithidae				
❑ Sichler – *Plegadis falcinellus*	g, S			
❑ Löffler – *Platalea leucorodia*	(B), S			
Flamingos – Phoenicopteridae				
❑ Rosaflamingo – *Phoenicopterus ruber*	A,b, J			
Entenvögel – Anatidae				
❑ Höckerschwan – *Cygnus olor*	B, J			
❑ Zwergschwan – *C. columbianus*	G, W			
❑ Singschwan – *C. cygnus*	G,b, J			
❑ Saatgans – *Anser fabalis*				

Art	Status	Datum	Anzahl	Protokoll-Nr. / Bemerkungen
❏ Kurzschnabelgans – *A. brachyrhynchus*	G, W			
❏ Bläßgans – *A. albifrons*	G, W			
❏ Graugans – *A. anser*	B, J			
❏ Weißwangengans – *B. leucopsis*	G, W			
❏ Kanadagans – *Branta canadensis*	(B), J/W			
❏ Ringelgans – *B. bernicla*	G, W			
❏ Brandgans – *Tadorna tadorna*	(B), J			
❏ Pfeifente – *Anas penelope*	Gb, J/W			
❏ Schnatterente – *A. strepera*	B, J/S			
❏ Krickente – *A. crecca*	B, J			
❏ Stockente – *A. platyrhynchos*	B, J			
❏ Spießente – *A. acuta*	(B), J			
❏ Knäkente – *A. querquedula*	B, S			
❏ Löffelente – *A. clypeata*	B, J/S			
❏ Kolbenente – *Netta rufina*	(B), S			
❏ Tafelente – *Aythya ferina*	B, J			
❏ Moorente – *A. nyroca*	Gb, J/S			
❏ Reiherente – *A. fuligula*	B, J			
❏ Bergente – *A. marila*	G, W			
❏ Eiderente – *Somateria mollissima*	(B), J			
❏ Eisente – *Clangula hyemalis*	G, W			
❏ Trauerente – *Melanitta nigra*	G, W			
❏ Samtente – *M. fusca*	G, W			
❏ Schellente – *Bucephala clangula*	(B), J/W			
❏ Zwergsäger – *Mergus albellus*	G, W			
❏ Mittelsäger – *M. serrator*	(B), J/W			
❏ Gänsesäger – *M. merganser*	(B), J/W			

Art	Status	Datum	Anzahl	Protokoll-Nr. / Bemerkungen
Greifvögel – Accipitridae				
❏ Wespenbussard – *Pernis apivorus*	B, S			
❏ Schwarzmilan – *Milvus migrans*	B, S			
❏ Rotmilan – *M. milvus*	B, J/S			
❏ Seeadler – *Haliaeetus albicilla*	(B), J/W			
❏ Schmutzgeier – *Neophron percnopterus*	A, S			
❏ Gänsegeier – *Gyps fulvus*	(G), S			
❏ Schlangenadler – *Circaetus gallicus*	g, S			
❏ Rohrweihe – *Circus aeruginosus*	B, S			
❏ Kornweihe – *C. cyaneus*	(B), J/W			
❏ Wiesenweihe – *C. pygargus*	(B), S			
❏ Habicht – *Accipiter gentilis*	B, J			
❏ Sperber – *A. nisus*	B, J			
❏ Mäusebussard – *Buteo buteo*	B, J			
❏ Rauhfußbussard – *B. lagopus*	G, W			
❏ Schreiadler – *Aquila pomarina*	(B), S			
❏ Steinadler – *A. chrysaetos*	(B), J			
❏ Zwergadler – *Hieraaetus pennatus*	g,b, S			
❏ Habichtsadler – *H. fasciatus*	A			
Fischadler – Pandionidae				
❏ Fischadler – *Pandion haliaetus*	(B), S			
Falken – Falconidae				
❏ Rötelfalke – *Falco naumanni*	(B), S			
❏ Turmfalke – *F. tinnunculus*	B, J			
❏ Rotfußfalke – *F. vespertinus*	Gb, S			
❏ Merlin – *F. columbarius*	G, W			

Art	Status	Datum	Anzahl	Protokoll-Nr. / Bemerkungen
❏ Baumfalke – *F. subbuteo*	B, S			
❏ Würgfalke – *F. cherrug*	(b), S			
❏ Wanderfalke – *F. peregrinus*	(B), J			
Rauhfußhühner – Tetraonidae				
❏ Haselhuhn – *Bonasa bonasia*	B, J			
❏ Alpenschneehuhn – *Lagopus mutus*	(B), J			
❏ Birkhuhn – *Tetrao tetrix*	B, J			
❏ Auerhuhn – *T. urogallus*	B, J			
Hühner – Phasianidae				
❏ Steinhuhn – *Alectoris graeca*	(B), J			
❏ Rothuhn – *A. rufa*	A			
❏ Rebhuhn – *Perdix perdix*	B, J			
❏ Wachtel – *Coturnix coturnix*	B, S			
❏ Fasan – *Phasianus colchicus*	B, J			
Rallen – Rallidae				
❏ Wasserralle – *Rallus aquaticus*	B, J/S			
❏ Tüpfelsumpfhuhn – *Porzana porzana*	B, S			
❏ Kleines Sumpfhuhn – *P. parva*	(B), S			
❏ Wachtelkönig – *Crex crex*	B, S			
❏ Teichhuhn – *Gallinula chloropus*	B, J			
❏ Bläßhuhn – *Fulica atra*	B, J			
Kraniche – Gruidae				
❏ Kranich – *Grus grus*	(B), S			
Trappen – Otididae				
❏ Großtrappe – *Otis tarda*	(B), J			
❏ Zwergtrappe – *Tetrax tetrax*	A			

Art	Status	Datum	Anzahl	Protokoll-Nr. / Bemerkungen
Austernfischer – Haematopodidae				
❏ Austernfischer – *Haematopus ostralegus*	B, J			
Stelzenläufer – Recurvirostridae				
❏ Stelzenläufer – *Himantopus himantopus*	Gb, S			
❏ Säbelschnäbler – *Recurvirostra avosetta*	(B), S			
Triele – Burhinidae				
❏ Triel – *Burhinus oedicnemus*	(B), S			
Brachschwalben – Glareolidae				
❏ Rotflügel-Brachschw. – *Glareola pratincola*	g, S			
Regenpfeifer – Charadriidae				
❏ Flußregenpfeifer – *Charadrius dubius*	B, S			
❏ Sandregenpfeifer – *Ch. hiaticula*	(B), S			
❏ Seeregenpfeifer – *Ch. alexandrinus*	(B), S			
❏ Goldregenpfeifer – *Pluvialis apricaria*	(B), D/W			
❏ Kiebitzregenpfeifer – *Pl. squatarola*	G, D			
❏ Kiebitz – *Vanellus vanellus*	B, S/J			
Schnepfen – Scolopacidae				
❏ Knutt – *Calidris canutus*	G, D			
❏ Sanderling – *C. alba*	G, D			
❏ Zwergstrandläufer – *C. minuta*	G, D			
❏ Temminckstrandläufer – *C. temminckii*	G, D			
❏ Graubruststrandläufer – *C. melanotos*	g, D			
❏ Sichelstrandläufer – *C. ferruginea*	G. D			
❏ Meerstrandläufer – *C. maritima*	(G), W			
❏ Alpenstrandläufer – *C. alpina*	(B), S/J			
❏ Sumpfläufer – *Limicola falcinellus*	G, D			

Art	Status	Datum	Anzahl	Protokoll-Nr. / Bemerkungen
❏ Kampfläufer – *Philomachus pugnax*	(B), S			
❏ Zwergschnepfe – *Lymnocryptes minimus*	G, D/W			
❏ Bekassine – *Gallinago gallinago*	B, S/J			
❏ Waldschnepfe – *Scolopax rusticola*	B, S/J			
❏ Uferschnepfe – *Limosa limosa*	(B), S			
❏ Pfuhlschnepfe – *L. lapponica*	G, D			
❏ Regenbrachvogel – *Numenius phaeopus*	G, D			
❏ Großer Brachvogel – *N. arquata*	B, S/J			
❏ Dunkler Wasserläufer – *Tringa erythropus*	G, D			
❏ Rotschenkel – *T. totanus*	(B), S			
❏ Teichwasserläufer – *T. stagnatilis*	G, D			
❏ Grünschenkel – *T. nebularia*	G, D			
❏ Waldwasserläufer – *T. ochropus*	(B), S/J			
❏ Bruchwasserläufer – *T. glareola*	(B), S			
❏ Flußuferläufer – *Actitis hypoleucos*	(B), S			
❏ Steinwälzer – *Arenaria interpres*	b, J			
❏ Odinshühnchen – *Phalaropus lobatus*	G, D			
❏ Thorshühnchen – *P. fulicarius*	g, D(W)			
Raubmöwen – Stercorariidae				
❏ Spatelraubmöwe – *Stercorarius pomarinus*	(G), D			
❏ Schmarotzerraubmöwe – *S. parasiticus*	(G), D			
❏ Falkenraubmöwe – *S. longicaudus*	(G), D			
❏ Skua – *Chatharacta. skua*	(G), D/W			
Möwen – Laridae				
❏ Schwarzkopfmöwe – *Larus melanocephalus*	b, J			
❏ Zwergmöwe – *L. minutus*	Gb, S			

Art	Status	Datum	Anzahl	Protokoll-Nr. / Bemerkungen
❏ Lachmöwe – *L. ridibundus*	B, J			
❏ Dünnschnabelmöwe – *L. genei*	A, S			
❏ Sturmmöwe – *L. canus*	(B), J			
❏ Heringsmöwe – *L. fuscus*	(B), J			
❏ Weißkopfmöwe – *L. cachinnans*	(B), J			
❏ Silbermöwe – *L. argentatus*	B, J			
❏ Eismöwe – *L. hyperboreus*	g, W			
❏ Mantelmöwe – *L. marinus*	Gb, J			
❏ Dreizehenmöwe – *Rissa tridactyla*	(B), J			
Seeschwalben – Sternidae				
❏ Lachseeschwalbe – *Gelochelidon nilotica*	(B), S			
❏ Raubseeschwalbe – *Sterna caspia*	G, S			
❏ Brandseeschwalbe – *S. sandvicensis*	(B), S			
❏ Flußseeschwalbe – *S. hirundo*	B, S			
❏ Küstenseeschwalbe – *S. paradisaea*	(B), S			
❏ Zwergseeschwalbe – *S. albifrons*	(B), S			
❏ Weißbart-Seeschw. – *Chlidonias hybridus*	G, S			
❏ Trauerseeschwalbe – *C. niger*	(B), S			
❏ Weißflügel-Seeschw. – *C. leucopterus*	G, S			
Alken – Alcidae				
❏ Trottellumme – *Uria aalge*	(B), J			
❏ Tordalk – *Alca torda*	(B), J			
❏ Papageitaucher – *Fratercula arctica*	(G), J			
Tauben – Columbidae				
❏ Felsentaube – *Columba livia*	B, J			
❏ Hohltaube – *C. oenas*	B, S/J			

Art	Status	Datum	Anzahl	Protokoll-Nr. / Bemerkungen
❑ Ringeltaube – *C. palumbus*	B, S/J			
❑ Türkentaube – *Streptopelia decaocto*	B, J			
❑ Turteltaube – *S. turtur*	B, S			
Papageien – Psittacidae				
❑ Halsbandsittich – *Psittacula krameri*	(B), J			
Kuckucke – Cuculidae				
❑ Häherkuckuck – *Clamator glandarius*	A, S			
❑ Kuckuck – *Cuculus canorus*	B, S			
Schleiereulen – Tytonidae				
❑ Schleiereule – *Tyto alba*	B, J			
Eulen – Strigidae				
❑ Zwergohreule – *Otus scops*	(B), S			
❑ Uhu – *Bubo bubo*	B, J			
❑ Sperbereule – *Surnia ulula*	A, W			
❑ Sperlingskauz – *Glaucidium passerinum*	(B), J			
❑ Steinkauz – *Athene noctua*	B, J			
❑ Waldkauz – *Strix aluco*	B, J			
❑ Waldohreule – *Asio otus*	B, J			
❑ Sumpfohreule – *A. flammeus*	(B), J/W			
❑ Rauhfußkauz – *Aegolius funereus*	(B), J			
Nachtschwalben – Caprimulgidae				
❑ Ziegenmelker – *Caprimulgus europaeus*	B, S			
Segler – Apodidae				
❑ Mauersegler – *Apus apus*	B, S			
❑ ❑ Fahlsegler – *A. pallidus*	A			

Art	Status	Datum	Anzahl	Protokoll-Nr. / Bemerkungen
❑ Alpensegler – *A. melba*	(B), S			
Eisvögel – Alcedinidae				
❑ ❑ Eisvogel – *Alcedo atthis*	B, J			
Spinte – Meropidae				
❑ Bienenfresser – *Merops apiaster*	b, S			
Racken – Coraciidae				
❑ Blauracke – *Coracias garrulus*	(B), S			
Hopfe – Upupidae				
❑ Wiedehopf – *Upupa epops*	(N), S			
Spechte – Picidae				
❑ Wendehals – *Jynx torquilla*	B, S			
❑ Grauspecht – *Picus canus*	B, J			
❑ Grünspecht – *P. viridis*	B, J			
❑ Schwarzspecht – *Dryocopus martius*	B, J			
❑ Buntspecht – *Dendrocopos major*	B, J			
❑ Blutspecht – *D. syriacus*	(B), J			
❑ Mittelspecht – *D. medius*	B, J			
❑ Weißrückenspecht – *D. leucotos*	(B), J			
❑ Kleinspecht – *D. minor*	B, J			
❑ Dreizehenspecht – *Picoides tridactylus*	(B), J			
Lerchen – Alaudidae				
❑ Kalanderlerche – *Melanocorypha calandra*	A			
❑ Kurzzehenlerche – *Calandrella brachydactyla*	A, S			
❑ Haubenlerche – *Galerida cristata*	B, J			
❑ Heidelerche – *Lullula arborea*	B, S			
❑ Feldlerche – *Alauda arvensis*	B, S/J			

Art	Status	Datum	Anzahl	Protokoll-Nr. / Bemerkungen
❑ Ohrenlerche – *Eremophila alpestris*	(G), W			
Schwalben – Hirundinidae				
❑ Uferschwalbe – *Riparia riparia*	B, S			
❑ Felsenschwalbe – *Ptyonoprogne rupestris*	(B), S			
❑ Rauchschwalbe – *Hirundo rustica*	(B), S			
❑ Rötelschwalbe – *H. daurica*	A, S			
❑ Mehlschwalbe – *Delichon urbica*	B, S			
Stelzen – Motacillidae				
❑ Spornpieper – *Anthus richardi*	A, D			
❑ Brachpieper – *A. campestris*	(B), S			
❑ Baumpieper – *A. trivialis*	B, S			
❑ Wiesenpieper – *A. pratensis*	B, S/J			
❑ Rotkehlpieper – *A. cervinus*	G, D			
❑ Bergpieper – *A. spinoletta*	B, J/W			
❑ Strandpieper – *A. petrosus*	G, W			
❑ Schafstelze – *Motacilla flava*	B, S			
❑ Gebirgstelze – *M. cinerea*	B, J			
❑ Bachstelze – *M. alba*	B, S/J			
Seidenschwänze – Bombycillidae				
❑ Seidenschwanz – *Bombycilla garrulus*	G, W			
Wasseramseln – Cinclidae				
❑ Wasseramsel – *Cinclus cinclus*	B, J			
Zaunkönig – Troglodytidae				
❑ Zaunkönig – *Troglodytes troglodytes*	B, J			
Braunellen – Prunellidae				
❑ Heckenbraunelle – *Prunella modularis*	B, J			

Art	Status	Datum	Anzahl	Protokoll-Nr. / Bemerkungen
❑ Alpenbraunelle – *P. collaris*	(B), J			
Drosseln – Turdidae				
❑ Heckensänger – *Cercotrichas galactotes*	A, S			
❑ Rotkehlchen – *Erithacus rubecula*	B, J			
❑ Sprosser – *Luscinia luscinia*	(B), S			
❑ Nachtigall – *L. megarhynchos*	B, S			
❑ Blaukehlchen – *L. svecica*	(B), S			
❑ Hausrotschwanz – *Phoenicurus ochruros*	B, S/J			
❑ Gartenrotschwanz – *Ph. phoenicurus*	B, S			
❑ Braunkehlchen – *Saxicola rubetra*	B, S			
❑ Schwarzkehlchen – *S. torquata*	B, S			
❑ Steinschmätzer – *Oenanthe oenanthe*	B, S			
❑ Mittelmeer-Steinschmätzer – *O. hispanica*	A, S			
❑ Steinrötel – *Monticola saxatilis*	(B), S			
❑ Blaumerle – *M. solitarius*	A, S			
❑ vRingdrossel – *Turdus torquatus*	B, S			
❑ Amsel – *T. merula*	B, J			
❑ Wacholderdrossel – *T. pilaris*	B, J			
❑ Singdrossel – *T. philomelos*	B, S/J			
❑ Rotdrossel – *T. iliacus*	Gb, S/W			
❑ Misteldrossel – *T. viscivorus*	B, S/J			
Grasmücken – Sylviidae				
❑ Seidensänger – *Cettia cetti*	(B), S			
❑ Cistensänger – *Cisticola juncidis*	(B), S			
❑ Feldschwirl – *Locustella naevia*	B, S			
❑ Schlagschwirl – *L. fluviatilis*	B, S			

Art	Status	Datum	Anzahl	Protokoll-Nr. / Bemerkungen
❑ Rohrschwirl – *L. luscinioides*	B, S			
❑ Seggenrohrsänger – *Acrocephalus paludicola*	(B), S			
❑ Mariskensänger – *A. melanopogon*	(B), S			
❑ Schilfrohrsänger – *A. schoenobaenus*	B, S			
❑ Sumpfrohrsänger – *A. palustris*	B, S			
❑ Teichrohrsänger – *A. scirpaceus*	B, S			
❑ Drosselrohrsänger – *A. arundinaceus*	B, S			
❑ Blaßspötter – *Hippolais pallida*	A, S			
❑ Olivenspötter – *H. olivetorum*	A, S			
❑ Gelbspötter – *H. icterina*	B, S			
❑ Orpheusspötter – *H. polyglotta*	(B), S			
❑ Provencegrasmücke – *Sylvia undata*	A, S			
❑ Brillengrasmücke – *S. conspicillata*	A, S			
❑ Weißbart-Grasmücke – *S. cantillans*	A, S			
❑ Samtkopf-Grasmücke – *S. melanocephala*	A, S			
❑ Orpheusgrasmücke – *S. hortensis*	b, S			
❑ Sperbergrasmücke – *S. nisoria*	(B), S			
❑ Klappergrasmücke – *S. curruca*	B, S			
❑ Dorngrasmücke – *S. communis*	B, S			
❑ Gartengrasmücke – *S. borin*	B, S			
❑ Mönchsgrasmücke – *S. atricapilla*	B, S			
❑ Grünlaubsänger – *Phylloscopus trochiloides*	(B), S			
❑ Wanderlaubsänger – *P. borealis*	A, D			
❑ Gelbbrauen-Laubsänger – *P. inornatus*	g, D			
❑ Berglaubsänger – *P. bonelli*	(B), S			
❑ Waldlaubsänger – *P. sibilatrix*	B, S			
❑ Zilpzalp – *P. collybita*	B, S			

Art	Status	Datum	Anzahl	Protokoll-Nr. / Bemerkungen
❏ Fitis – *P. trochilus*	B, S			
❏ Wintergoldhähnchen – *Regulus regulus*	B, J			
❏ Sommergoldhähnchen – *R. ignicapillus*	B, S			
Fliegenschnäpper – Muscicapidae				
❏ Grauschnäpper – *Muscicapa striata*	B, S			
❏ Zwergschnäpper – *Ficedula parva*	(B), S			
❏ Halsbandschnäpper – *F. albicollis*	(B), S			
❏ Trauerschnäpper – *F. hypoleuca*	B, S			
Papageimeisen – Paradoxornithidae				
❏ Bartmeise – *Panurus biarmicus*	(B), J			
Schwanzmeisen – Aegithalidae				
❏ Schwanzmeise – *Aegithalos caudatus*	B, J			
Meisen – Paridae				
❏ Sumpfmeise – *Parus palustris*	B, J			
❏ Weidenmeise – *P. montanus*	B, J			
❏ Haubenmeise – *P. cristatus*	B, J			
❏ Tannenmeise – *P. ater*	B, J			
❏ Blaumeise – *P. caeruleus*	B, J			
❏ Kohlmeise – *P. major*	B, J			
Kleiber – Sittidae				
❏ Kleiber – *Sitta europaea*	B, J			
Mauerläufer – Tichodromadidae				
❏ Mauerläufer – *Tichodroma muraria*	(B), J			
Baumläufer – Certhiidae				
❏ Waldbaumläufer – *Certhia familiaris*	B, J			
❏ Gartenbaumläufer – *Certhia brachydactyla*	B, J			

Art	Status	Datum	Anzahl	Protokoll-Nr. / Bemerkungen
Beutelmeisen – Remizidae				
❑ Beutelmeise – *Remiz pendulinus*	B, S			
Pirole – Oriolidae				
❑ Pirol – *Oriolus oriolus*	B, S			
Würger – Laniidae				
❑ Neuntöter – *Lanius collurio*	B, S			
❑ Schwarzstirnwürger – *L. minor*	(B), S			
❑ Raubwürger – *L. excubitor*	B, J			
❑ Rotkopfwürger – *L. senator*	(B), S			
Rabenvögel – Corvidae				
❑ vEichelhäher – *Garrulus glandarius*	B, J			
❑ Unglückshäher – *Perisoreus infaustus*	A			
❑ Blauelster – *Cyanopica cyana*	A			
❑ Elster – *Pica pica*	B, J			
❑ Tannenhäher – *Nucifraga caryocatactes*	(B), J			
❑ Alpendohle – *Pyrrhocorax graculus*	(B), J			
❑ Alpenkrähe – *P. pyrrhocorax*	(b), J			
❑ Dohle – *Corvus monedula*	B, J/W			
❑ Saatkrähe – *C. frugilegus*	B, J/W			
❑ Aaskrähe – *C. corone*	B, J			
❑ Kolkrabe – *C. corax*	B, J			
Stare – Sturnidae				
❑ Star – *Sturnus vulgaris*	B, J/S			
❑ Einfarbstar – *S. unicolor*	A			
❑ Rosenstar – *S. roseus*	A, S			

Art	Status	Datum	Anzahl	Protokoll-Nr. / Bemerkungen
Sperlinge – Passeridae				
❑ Haussperling – *Passer domesticus*	B, J			
❑ Weidensperling – *P. hispaniolensis*	A			
❑ Feldsperling – *P. montanus*	B, J			
❑ Steinsperling – *Petronia petronia*	A			
❑ Schneefink – *Montifringilla nivalis*	(B), J			
Finken – Fringillidae				
❑ Buchfink – *Fringilla coelebs*	B, J			
❑ Bergfing – *F. montifringilla*	Gb, W			
❑ Girlitz – *Serinus serinus*	B, S			
❑ Zitronengirlitz – *S. citrinella*	(B), J			
❑ Grünling – *Carduelis chloris*	B, J			
❑ Stieglitz – *C. carduelis*	B, J			
❑ Erlenzeisig – *C. spinus*	B, J			
❑ Bluthänfling – *C. cannabina*	B, J			
❑ Berghänfling – *C. flavirostris*	G, W			
❑ Birkenzeisig – *C. flammea*	B, J/W			
❑ Fichtenkreuzschnabel – *Loxia curvirostra*	B, J			
❑ Karmingimpel – *Carpodacus erythrinus*	(B), S			
❑ Gimpel – *Pyrrhula pyrrhula*	B, J			
❑ Kernbeißer – *Coccothraustes coccothraustes*	B, J			
Ammern – Emberizidae				
❑ Spornammer – *Calcarius lapponicus*	(G), W			
❑ Schneeammer – *Plectrophenax nivalis*	G, W			
❑ Goldammer – *Emberiza citrinella*	B, J			
❑ Zaunammer – *E. cirlus*	(B), J/S			

Art	Status	Datum	Anzahl	Protokoll-Nr. / Bemerkungen
❑ Zippammer – *E. cia*	(B), S			
❑ Ortolan – *E. hortulana*	B, S			
❑ Zwergammer – *E. pusilla*	A, D			
❑ Rohrammer – *E. schoeniclus*	B, J/S			
❑ Kappenammer – *E. melanocephala*	A			
❑ Grauammer – *Miliaria calandra*	B, J/S			

Auf den folgenden Seiten finden Sie verschiedene Formulare, mit deren Hilfe Sie die Vögel eines Gebiets in Ihrer Nähe oder auch im Urlaub unter verschiedenen Fragestellungen protokollieren können. Wir möchten Ihnen die Formblätter für die Erstellung eines eigenen Zugvogelkalenders, für einmalige und wiederholte Beobachtungen in einem speziellen Gebiet sowie für die genaue Erfassung von Brutvögeln vorstellen. Bei der Erfassung von Vögeln gibt es eine Vielzahl von Fragestellungen, und jeder Vogelbeobachter wird auch seine eigene Vorliebe für eine bestimmte Vorgehensweise bei der Protokollierung haben. So können diese Formulare sicher nicht den Ansprüchen aller Leser gerecht werden – wir hoffen aber, daß wir Ihnen dennoch einige Anregungen für eigene Erfassungsbögen geben können.

Bitte teilen Sie uns Ihre Erfahrungen mit den Formularen mit. Auch über Verbesserungsvorschläge würden wir uns freuen.

Erfassung der Avifauna in einem bestimmten Beobachtungsgebiet

Für das Ausfüllen dieses Formulares (ab Seite 53) bestimmen Sie zunächst das Gebiet, dessen Avifauna Sie erfassen möchten. Das kann Ihr Garten sein, aber auch ein wichtiges Vogelgebiet in Ihrer Nähe. Tragen Sie alle Arten ein, die Sie dort im Laufe des Jahres beobachten. Erstellen Sie dieses Protokoll über mehrere Jahre und vergleichen Sie die Protokolle.

Der eigene Zugvogelkalender

Auf den Seiten 75 bis 87 finden Sie Formulare für einen Zugvogelkalender. Sie können hier die Anwesenheit der Zugvögel (Brutvögel, Durchzügler und Wintergäste) eintragen, die sich in Ihrem Beobachtungsgebiet aufhalten.

Beteiligen Sie Vogelbeobachter aus Ihrem Bekanntenkreis an der Zusammenstellung der Daten und erstellen Sie die Zugvogelkalender über mehrere Jahre. Sie werden sicherlich interessante Schwankungen und Trends feststellen.

Jeder Monat ist in drei Abschnitte unterteilt, die jeweils einen 10-Tage Zeitraum darstellen. Markieren Sie hier die Anwesenheit der Vögel nach folgenden Kriterien:

Weiß: nicht anwesend

Hell: sporadisch anwesend (unregelmäßig oder nur lokal begrenzt)

Dunkel: regelmäßig anwesend

Schwarz: Durchzugsgipfel

Sie können auch mit verschiedenen Symbolen (Kreise, Kreuze, Punkte) arbeiten.

Eine solche Einteilung kann nur relative Häufigkeiten berücksichtigen: Das Auftreten von nur wenigen Vögeln kann schon einen Durchzugsgipfel darstellen, wenn es sich um seltene Vogelarten handelt.

So erstellen Sie einen Zugvogelkalender, der speziell die Verhältnisse in Ihrem Beobachtungsgebiet widerspiegelt. Vergleichen Sie ihn einmal mit dem Zugvogelkalender im Ornithologen Kalender, der die durchschnittlichen Zugdaten in Deutschland vorstellt.

Erfassung von Brutvögeln

Dieses Formular (ab Seite 92) berücksichtigt unterschiedliche Wahrscheinlichkeiten für die Aussage, ob ein Vogel brütet. Eingeteilt werden die Nachweise in A: möglicherweise brütend, B: wahrscheinlich brütend und C: sicher brütend. Die Verhaltensweise der Vögel oder die Feststellung des Beobachters, die zu einer Einteilung in diese drei Klassen führen, können mit Hilfe eines Ziffercodes übersichtlich in die Tabelle eingetragen werden. Am Ende des Erfassungszeitraums können Sie eine aussagekräftige Statistik zu „Ihren" Brutvögeln erstellen.

Gebietsbeobachtungen

Standort   Tag   Uhrzeit

Beobachter   Wetter

Allgemeine Bemerkungen

Art	Anzahl	singend	nicht-singend	Bemerkungen

Gebietsbeobachtungen

| Standort | | | Tag | Uhrzeit |

| Beobachter | | | Wetter | |

Allgemeine Bemerkungen

Art	Anzahl	singend	nicht-singend	Bemerkungen

Gebietsbeobachtungen

| Standort | | | | Tag | Uhrzeit |

| Beobachter | | | | Wetter | |

Allgemeine Bemerkungen

Art	Anzahl	singend	nicht-singend	Bemerkungen

Gebietsbeobachtungen

| Standort | | | | Tag | Uhrzeit |

| Beobachter | | | | Wetter | |

Allgemeine Bemerkungen

Art	Anzahl	singend	nicht-singend	Bemerkungen

Gebietsbeobachtungen

Standort				Tag	Uhrzeit
Beobachter				Wetter	

Allgemeine Bemerkungen

Art	Anzahl	singend	nicht-singend	Bemerkungen

Gebietsbeobachtungen

Standort   Tag   Uhrzeit

Beobachter   Wetter

Allgemeine Bemerkungen

Art	Anzahl	singend	nicht-singend	Bemerkungen

Gebietsbeobachtungen

| Standort | | | | Tag | Uhrzeit |

| Beobachter | | | | Wetter | |

Allgemeine Bemerkungen

Art	Anzahl	singend	nicht-singend	Bemerkungen

Gebietsbeobachtungen

Standort   Tag   Uhrzeit

Beobachter   Wetter

Allgemeine Bemerkungen

Art	Anzahl	singend	nicht-singend	Bemerkungen

Gebietsbeobachtungen

Standort   Tag   Uhrzeit

Beobachter   Wetter

Allgemeine Bemerkungen

Art	Anzahl	singend	nicht-singend	Bemerkungen

Gebietsbeobachtungen

Standort				Tag	Uhrzeit
Beobachter				Wetter	

Allgemeine Bemerkungen

Art	Anzahl	singend	nicht-singend	Bemerkungen

Zugvogelkalender

Art	Jan.	Febr.	März	Apr.	Mai	Juni	Juli	Aug.	Sept.	Okt.	Nov.	Dez.

Zugvogelkalender

Art	Jan.	Febr.	März	Apr.	Mai	Juni	Juli	Aug.	Sept.	Okt.	Nov.	Dez.

Zugvogelkalender

Art	Jan.	Febr.	März	Apr.	Mai	Juni	Juli	Aug.	Sept.	Okt.	Nov.	Dez.

Art	Jan.	Febr.	März	Apr.	Mai	Juni	Juli	Aug.	Sept.	Okt.	Nov.	Dez.

Zugvogelkalender

Art	Jan.	Febr.	März	Apr.	Mai	Juni	Juli	Aug.	Sept.	Okt.	Nov.	Dez.

Zugvogelkalender

Art	Jan.	Febr.	März	Apr.	Mai	Juni	Juli	Aug.	Sept.	Okt.	Nov.	Dez.

Zugvogelkalender

Art	Jan.	Febr.	März	Apr.	Mai	Juni	Juli	Aug.	Sept.	Okt.	Nov.	Dez.

Zugvogelkalender

Art	Jan.	Febr.	März	Apr.	Mai	Juni	Juli	Aug.	Sept.	Okt.	Nov.	Dez.

Erfassung von Brutvögeln *

Beobachter   **Gebiet** (TK 25-Nummer)

Erfassungszeitraum   **Rasterquadrat**

von-bis / am

1	2
3	4

Kartierungstyp

❑ Erstkartierung   ❑ Folgekartierung   ❑ Korrektur

Nachweisart

B möglicherweise brütend

1   Art zur Brutzeit in Lebensraum

2   sing. ♂, Paarungs- oder Balzlaute zur Brutzeit

C wahrscheinlich brütend

3   ein ♂♀ während der Brutzeit in gemäßem Lebensraum

4   Revier mindestens nach einer Woche noch besetzt

5   Paarungsverhalten und Balz

6   Wahrscheinlichen Nistplatz besuchend

7   Verhalten und Rufe deuten auf Nest oder Jungvögel

8   gefangener Altvogel mit Brutfleck

9   Nestbau oder Anlage einer Nisthöhle

D sicher brütend

10   Altvogel verleitet

11   benutztes Nest oder Eischalenfund

12   eben flügge juv. oder Dunenjunge beobachtet

13   Altvogel brütet bzw. Altvogel zum oder vom unerreichbarem Nest

14   Altvogel trägt Futter oder Kotballen

15   Nest mit Eiern

16   Jungvögel im Nest (gesehen oder gehört)

Summe der Arten

A	B	C	Σ

* in Anlehnung an: Formblätter Artenschutzkartierung Bayern (Bayrisches Landesamt für Umweltschutz)

	A	B	C

	A	B	C

Erfassung von Brutvögeln

Beobachter   **Gebiet** (TK 25-Nummer)

Erfassungszeitraum   **Rasterquadrat**

von-bis / am

1	2
3	4

Kartierungstyp

❏ Erstkartierung   ❏ Folgekartierung   ❏ Korrektur

Nachweisart

B möglicherweise brütend

1   Art zur Brutzeit in Lebensraum
2   sing. ♂, Paarungs- oder Balzlaute zur Brutzeit

C wahrscheinlich brütend

3   ein ♂♀ während der Brutzeit in gemäßem Lebensraum
4   Revier mindestens nach einer Woche noch besetzt
5   Paarungsverhalten und Balz
6   Wahrscheinlichen Nistplatz besuchend
7   Verhalten und Rufe deuten auf Nest oder Jungvögel
8   gefangener Altvogel mit Brutfleck
9   Nestbau oder Anlage einer Nisthöhle

D sicher brütend

10   Altvogel verleitet
11   benutztes Nest oder Eischalenfund
12   eben flügge juv. oder Dunenjunge beobachtet
13   Altvogel brütet bzw. Altvogel zum oder vom unerreichbarem Nest
14   Altvogel trägt Futter oder Kotballen
15   Nest mit Eiern
16   Jungvögel im Nest (gesehen oder gehört)

Summe der Arten

A	B	C	Σ

Art	A	B	C

Art	A	B	C

Erfassung von Brutvögeln

Beobachter   **Gebiet** (TK 25-Nummer)

Erfassungszeitraum   **Rasterquadrat**

von-bis / am

1	2
3	4

Kartierungstyp

❏ Erstkartierung   ❏ Folgekartierung   ❏ Korrektur

Nachweisart

B möglicherweise brütend

1   Art zur Brutzeit in Lebensraum
2   sing. ♂, Paarungs- oder Balzlaute zur Brutzeit

C wahrscheinlich brütend

3   ein ♂♀ während der Brutzeit in gemäßem Lebensraum
4   Revier mindestens nach einer Woche noch besetzt
5   Paarungsverhalten und Balz
6   Wahrscheinlichen Nistplatz besuchend
7   Verhalten und Rufe deuten auf Nest oder Jungvögel
8   gefangener Altvogel mit Brutfleck
9   Nestbau oder Anlage einer Nisthöhle

D sicher brütend

10   Altvogel verleitet
11   benutztes Nest oder Eischalenfund
12   eben flügge juv. oder Dunenjunge beobachtet
13   Altvogel brütet bzw. Altvogel zum oder vom unerreichbarem Nest
14   Altvogel trägt Futter oder Kotballen
15   Nest mit Eiern
16   Jungvögel im Nest (gesehen oder gehört)

Summe der Arten

A	B	C	Σ

Art	A	B	C

Art	A	B	C

Erfassung von Brutvögeln

Beobachter   **Gebiet** (TK 25-Nummer)

Erfassungszeitraum   **Rasterquadrat**
von-bis / am

1	2
3	4

Kartierungstyp

❏ Erstkartierung   ❏ Folgekartierung   ❏ Korrektur

Nachweisart

B möglicherweise brütend

1   Art zur Brutzeit in Lebensraum
2   sing. ♂, Paarungs- oder Balzlaute zur Brutzeit

C wahrscheinlich brütend

3   ein ♂♀ während der Brutzeit in gemäßem Lebensraum
4   Revier mindestens nach einer Woche noch besetzt
5   Paarungsverhalten und Balz
6   Wahrscheinlichen Nistplatz besuchend
7   Verhalten und Rufe deuten auf Nest oder Jungvögel
8   gefangener Altvogel mit Brutfleck
9   Nestbau oder Anlage einer Nisthöhle

D sicher brütend

10   Altvogel verleitet
11   benutztes Nest oder Eischalenfund
12   eben flügge juv. oder Dunenjunge beobachtet
13   Altvogel brütet bzw. Altvogel zum oder vom unerreichbarem Nest
14   Altvogel trägt Futter oder Kotballen
15   Nest mit Eiern
16   Jungvögel im Nest (gesehen oder gehört)

Summe der Arten

A	B	C	Σ

Art		A	B	C

Erfassung von Brutvögeln

Beobachter   **Gebiet** (TK 25-Nummer)

Erfassungszeitraum   **Rasterquadrat**
von-bis / am

1	2
3	4

Kartierungstyp

❑ Erstkartierung   ❑ Folgekartierung   ❑ Korrektur

Nachweisart

B möglicherweise brütend

1   Art zur Brutzeit in Lebensraum
2   sing. ♂, Paarungs- oder Balzlaute zur Brutzeit

C wahrscheinlich brütend

3   ein ♂♀ während der Brutzeit in gemäßem Lebensraum
4   Revier mindestens nach einer Woche noch besetzt
5   Paarungsverhalten und Balz
6   Wahrscheinlichen Nistplatz besuchend
7   Verhalten und Rufe deuten auf Nest oder Jungvögel
8   gefangener Altvogel mit Brutfleck
9   Nestbau oder Anlage einer Nisthöhle

D sicher brütend

10   Altvogel verleitet
11   benutztes Nest oder Eischalenfund
12   eben flügge juv. oder Dunenjunge beobachtet
13   Altvogel brütet bzw. Altvogel zum oder vom unerreichbarem Nest
14   Altvogel trägt Futter oder Kotballen
15   Nest mit Eiern
16   Jungvögel im Nest (gesehen oder gehört)

Summe der Arten

A	B	C	Σ

Art	A	B	C

Art	A	B	C

Erfassung von Brutvögeln

Beobachter   **Gebiet** (TK 25-Nummer)

Erfassungszeitraum   **Rasterquadrat**
von-bis / am

1	2
3	4

Kartierungstyp

❏ Erstkartierung   ❏ Folgekartierung   ❏ Korrektur

Nachweisart

B möglicherweise brütend

1   Art zur Brutzeit in Lebensraum
2   sing. ♂, Paarungs- oder Balzlaute zur Brutzeit

C wahrscheinlich brütend

3   ein ♂♀ während der Brutzeit in gemäßem Lebensraum
4   Revier mindestens nach einer Woche noch besetzt
5   Paarungsverhalten und Balz
6   Wahrscheinlichen Nistplatz besuchend
7   Verhalten und Rufe deuten auf Nest oder Jungvögel
8   gefangener Altvogel mit Brutfleck
9   Nestbau oder Anlage einer Nisthöhle

D sicher brütend

10   Altvogel verleitet
11   benutztes Nest oder Eischalenfund
12   eben flügge juv. oder Dunenjunge beobachtet
13   Altvogel brütet bzw. Altvogel zum oder vom unerreichbarem Nest
14   Altvogel trägt Futter oder Kotballen
15   Nest mit Eiern
16   Jungvögel im Nest (gesehen oder gehört)

Summe der Arten

A	B	C	Σ

Erfassung von Brutvögeln

Beobachter **Gebiet** (TK 25-Nummer)

Erfassungszeitraum **Rasterquadrat**
von-bis / am

1	2
3	4

Kartierungstyp

❏ Erstkartierung ❏ Folgekartierung ❏ Korrektur

Nachweisart

B möglicherweise brütend
1 Art zur Brutzeit in Lebensraum
2 sing. ♂, Paarungs- oder Balzlaute zur Brutzeit

C wahrscheinlich brütend
3 ein ♂♀ während der Brutzeit in gemäßem Lebensraum
4 Revier mindestens nach einer Woche noch besetzt
5 Paarungsverhalten und Balz
6 Wahrscheinlichen Nistplatz besuchend
7 Verhalten und Rufe deuten auf Nest oder Jungvögel
8 gefangener Altvogel mit Brutfleck
9 Nestbau oder Anlage einer Nisthöhle

D sicher brütend
10 Altvogel verleitet
11 benutztes Nest oder Eischalenfund
12 eben flügge juv. oder Dunenjunge beobachtet
13 Altvogel brütet bzw. Altvogel zum oder vom unerreichbarem Nest
14 Altvogel trägt Futter oder Kotballen
15 Nest mit Eiern
16 Jungvögel im Nest (gesehen oder gehört)

Summe der Arten

A	B	C	Σ

<table>
<tr><td>Art</td><td>A</td><td>B</td><td>C</td></tr>
<tr><td></td><td></td><td></td><td></td></tr>
</table>

<table>
<tr><td>Art</td><td>A</td><td>B</td><td>C</td></tr>
<tr><td></td><td></td><td></td><td></td></tr>
</table>

Erfassung von Brutvögeln

Beobachter   **Gebiet** (TK 25-Nummer)

Erfassungszeitraum   **Rasterquadrat**
von-bis / am

1	2
3	4

Kartierungstyp

❑ Erstkartierung   ❑ Folgekartierung   ❑ Korrektur

Nachweisart

B möglicherweise brütend

1   Art zur Brutzeit in Lebensraum
2   sing. ♂, Paarungs- oder Balzlaute zur Brutzeit

C wahrscheinlich brütend

3   ein ♂♀ während der Brutzeit in gemäßem Lebensraum
4   Revier mindestens nach einer Woche noch besetzt
5   Paarungsverhalten und Balz
6   Wahrscheinlichen Nistplatz besuchend
7   Verhalten und Rufe deuten auf Nest oder Jungvögel
8   gefangener Altvogel mit Brutfleck
9   Nestbau oder Anlage einer Nisthöhle

D sicher brütend

10   Altvogel verleitet
11   benutztes Nest oder Eischalenfund
12   eben flügge juv. oder Dunenjunge beobachtet
13   Altvogel brütet bzw. Altvogel zum oder vom unerreichbarem Nest
14   Altvogel trägt Futter oder Kotballen
15   Nest mit Eiern
16   Jungvögel im Nest (gesehen oder gehört)

Summe der Arten

A	B	C	Σ

Art	A	B	C

Art	A	B	C

Erfassung von Brutvögeln

Beobachter   **Gebiet** (TK 25-Nummer)

Erfassungszeitraum   **Rasterquadrat**
von-bis / am

1	2
3	4

Kartierungstyp

❏ Erstkartierung   ❏ Folgekartierung   ❏ Korrektur

Nachweisart

B möglicherweise brütend

1   Art zur Brutzeit in Lebensraum
2   sing. ♂, Paarungs- oder Balzlaute zur Brutzeit

C wahrscheinlich brütend

3   ein ♂♀ während der Brutzeit in gemäßem Lebensraum
4   Revier mindestens nach einer Woche noch besetzt
5   Paarungsverhalten und Balz
6   Wahrscheinlichen Nistplatz besuchend
7   Verhalten und Rufe deuten auf Nest oder Jungvögel
8   gefangener Altvogel mit Brutfleck
9   Nestbau oder Anlage einer Nisthöhle

D sicher brütend

10   Altvogel verleitet
11   benutztes Nest oder Eischalenfund
12   eben flügge juv. oder Dunenjunge beobachtet
13   Altvogel brütet bzw. Altvogel zum oder vom unerreichbarem Nest
14   Altvogel trägt Futter oder Kotballen
15   Nest mit Eiern
16   Jungvögel im Nest (gesehen oder gehört)

Summe der Arten

A	B	C	Σ

Art		A	B	C

Art		A	B	C

Erfassung von Brutvögeln

Beobachter   **Gebiet** (TK 25-Nummer)

Erfassungszeitraum   **Rasterquadrat**

1	2
3	4

von-bis / am

Kartierungstyp

❏ Erstkartierung   ❏ Folgekartierung   ❏ Korrektur

Nachweisart

B möglicherweise brütend

1   Art zur Brutzeit in Lebensraum
2   sing. ♂, Paarungs- oder Balzlaute zur Brutzeit

C wahrscheinlich brütend

3   ein ♂♀ während der Brutzeit in gemäßem Lebensraum
4   Revier mindestens nach einer Woche noch besetzt
5   Paarungsverhalten und Balz
6   Wahrscheinlichen Nistplatz besuchend
7   Verhalten und Rufe deuten auf Nest oder Jungvögel
8   gefangener Altvogel mit Brutfleck
9   Nestbau oder Anlage einer Nisthöhle

D sicher brütend

10   Altvogel verleitet
11   benutztes Nest oder Eischalenfund
12   eben flügge juv. oder Dunenjunge beobachtet
13   Altvogel brütet bzw. Altvogel zum oder vom unerreichbarem Nest
14   Altvogel trägt Futter oder Kotballen
15   Nest mit Eiern
16   Jungvögel im Nest (gesehen oder gehört)

Summe der Arten

A	B	C	Σ

Art		A	B	C

Art		A	B	C